德国联邦法院典型判例研究丛书

德国联邦法院典型判例研究

民事诉讼法篇

LI Daxue | 李大雪◎著

丛书主编

方小敏　邵建东

丛书编辑部

主　任：张　华

副主任：徐凌波

成　员：徐凌波　杨　阳　张　华

张　慰　周　梅

法律出版社
LAW PRESS·CHINA

丛书学术委员会

总　序

方小敏*　邵建东**

进入新世纪，随着我国立法工作的不断推进和法律体系的基本形成，加强和完善法律实施对于法治国家建设的重要意义与日俱增。为此，我们希望发挥南京大学-哥廷根大学中德法学研究所多年来在德国法领域的学术积累和人才培养优势，除了把德国的法律、法学专业论文、法学专著翻译引入中国，也很有必要将德国法律实施的情况介绍给中国法律人。裁判文书作为司法活动的重要载体，直接展示司法过程，体现司法结果，阐明法律事实的认定和法律适用的逻辑，是法律实施的重要呈现。中国和德国同属大陆法系国家，德国最高法院的裁判活动对中国的司法实践应当具有更强的亲和性。①而在我国当前深化司法改革的背景下，法院的裁判

---

* 方小敏，女，江苏无锡人，德国哥廷根大学法学博士，南京大学法学院暨中德法学研究所教授。

** 邵建东，男，江苏常熟人，德国哥廷根大学法学博士，南京大学法学院暨中德法学研究所教授。

① 参见苏力：《道路通向城市——转型中国的法治》，法律出版社2004年版，第219~221页。

文书在体现司法核心价值、推进司法公开、树立司法权威、提升司法公信力方面扮演着特别重要的角色。为此,2004 年南京大学中德法学研究所成立 15 周年之际正式启动的"德国联邦法院典型判例研究丛书",在今天具有了更大的价值和意义。

我们设想的是一个覆盖法学全领域的、系统的翻译和研究项目。为了尽快有效地展开工作,判例研究丛书第一批五卷《民法总则》、《合同法》、《侵权法》、《物权法》和《公司法》主要由南京大学中德法学研究所成员担纲,集中对德国联邦最高法院(Bundesgerichtshof,BGH,又译为"联邦普通法院")的民商事判例进行介绍和研究,由南京大学出版社出版。2011 年,我们开始在全国范围内约请作者承担"德国联邦法院典型判例研究丛书"第二批项目。第二批项目扩展至包括联邦宪法法院(Bundesverfassungsgericht,BVerfG)、联邦最高法院、联邦行政法院(Bundesverwaltungsgericht,BVerwG)、联邦财税法院(Bundesfinanzhof,BFH)、联邦劳动法院(Bundesarbeitsgericht,BAG)和联邦社会法院(Bundessozialgericht,BSG)在内的所有联邦法院的典型判例研究。这是一个开放性的研究项目,目前已经展开研究工作的有十多卷书,涉及宪法、劳动法、国际私法、民事诉讼法、破产法、家事法、竞争法等法域,后续还会有行政法、刑法、知识产权法等重要法域的项目研究成果不断跟进。

丛书通过将德国联邦法院系统的典型判例全文翻译,原样呈现德国法律实施的真实情况;并通过对这些判例主要从法律史、法体系和法比较角度进行分析和评价,对判例的实体意义和风格精神进行系统的概括和研究。每本单独成卷的判例研究作品以某一法域如"国际私法",或某一法域的重要部分如"宪法——基本权利"为主题,选取该领域经典判例为研究对象,展现法律解释和适用的理念、技术和方法,反映司法判例在法律生长中的影响和作用,同时构织出实在法的精要图像。每卷书都致力于使读者既能对相关法域的法律体系、核心制度、法治思想及其形成发展作深入了解和思考,又能对法律解释、适用和发展的理论和实践有具体而系统的认识和理解,是实定法和方法论研究的有机统一。

德国联邦法院系统承担着保障德国自由、民主、联邦制和法治国家基本政体的政治任务，保障和监督法律的实施和公民自由权利的实现，维护德国司法和法制的统一。联邦法院系统通过对法律的解释和适用履行上述使命，并承担着"发展法律"的重要任务。即联邦法院通过法律解释、法律补充（又称制定法内的法律续造，praeterlegem）和法的发现（又称制定法外的法律续造，extremlegem）创造性地解释和适用法律，填补现行法律中的缺漏，在个案中保障当事人的权利并尽力达致社会正义。虽然传统上德国联邦法院法官的主要任务是适用法律，即根据现行法规定对具体案件作出恰当的判决，而"发展法律"即"造法"则属于立法机关的工作范围，但由于社会经济生活变化日新月异，"无法可依"现象出现得越发频繁，今天联邦法院系统的法官造法（Rechtsfortbildung，Richterrecht）已不再是"偶然"的现象。德国联邦法院审理的案件的特殊性、法官的专业性和独立性、裁判结果的终局性效力等因素，决定了法官认知法律、解释法律、补充法律和发现法律的权威性，因而裁判结果的妥当性也能够获得民众的普遍认同。所以，尽管从理论上来说，除联邦宪法法院以外的其他德国联邦法院的判决仅对于其裁判的个案具有拘束力，但是在实际上，这些判决往往超越相关个案，对于类似案件以及未来相关案件的判决都具有某种事实上的拘束力。联邦法院裁判引起的这种广泛的影响力，是有利于推动法的发展的。一项为联邦法院长期采纳从而相对固定的判例，往往会逐渐演变成习惯法，或者通过修法纳入成文法范围，成为德国现行法律的有机组成部分。联邦法院的经典判例由此对整个德国法制的建设和发展具有重大意义。

我们也能够通过对联邦法院典型判例的研读来领略其风格和精神。德国联邦法院判例最显著的风格是强调以"理"服人，这个理即是包含在法律规范、法律制度、法律原则和法的理念中的理性和规律。德国司法裁判重视裁判理由的说明（Begründung，又译为"法的证立"），即对法学判断经由逻辑严谨的涵摄推理步骤进行充分而完整的论证。

裁判的生命在于说理和论证。联邦法院的说理是翔实、周全、缜密又不失紧凑的。值得注意的是，联邦法院的审判庭在阐述自己立场和观点的过程中，既援引本审判庭以及本系统各级法院其他审判庭以往的相关判例，也经常引用其他联邦法院的相关判例。这种参引论证的好处在于，人们能够对有关司法机关就某类案件的裁判状况一目了然，并体认除法教义体系和法律方法之外，一以贯之的论证（过程）理性即解决问题的理性对法律的统一理解和适用的决定性影响。正是统一论证理性使我们达致"法"。[②] 此外，审判庭还大量援引现当代学术著作中的代表性观点。"从根本上，在潘德克吞法学的熏陶下培养出来的实务家们，由于对教授们怀着最大的敬意，较之判例，更热衷于频繁引用学说"。[③] 联邦法院法官都是某一法域训练有素的法学家，他们撰写的判决书建立在深厚的法学理论基础之上，具有极高的体系性、抽象性和理论性，其内容可以与学术论文相媲美。

通过对德国联邦法院典型判例的关注，我们还可以对"以法律规范作为处理问题的核心"[④]的法教义学产生直接、生动、全面而准确的认识。一方面了解，德国法官确定法律、理解法律和运用法律的方法和技术；另一方面也体认，德国的法律早已不再是一个自在自为的封闭系统，坚持法教义学传统的同时，德国司法裁判并不排斥对社科知识与价值判断的运用。[⑤]

丛书各卷作者多是留学德国、对德国法及其相关领域有全面了解和深入研究的优秀的德国法学博士，或是多年从事德国法研究、成果丰硕的青年才俊。他们本着完善法治、实现公平正义的信念和理想，付出精力和心力，把艰深难懂的德国联邦法院裁判文书翻译和介绍给中国

---

② Josef Esser, Grundsatz und Norm in der richterlichen Fortbildung des Privatrechts, J. C. B. Mohr, 2., unveraenderte Aufl., 1964, S. 14ff.; Helmult Coing, Grundzüge der Rechtsphilosophie, 2. Aufl., 1969, S. 89 ff.

③ ［日］大木雅夫：《比较法》，范愉译，朱景文校，法律出版社 1999 年版，第 279、280 页。

④ RalfDreier, Recht-Moral-Ideologie, Studien zur Rechtstheorie, 1981, S. 72f.

⑤ Manfred Rehbinder, Rechtssoziologie, C. H. Beck, 8. Aufl., 2014, S. 15f.

读者。他们是默默耕耘的理想主义者，在用自己的付出建设一个法治中国。在此向他们表示敬意和感谢。丛书得到包括我国最高人民法院、德国联邦宪法法院和联邦最高法院多位资深大法官在内的中德两国著名法学家的关心和指导，为此我们特别成立了丛书学术委员会，为丛书各卷判例的选定和研究工作的顺利开展提供学术支持，并体现中德两国法律人携手合作的权威性和良好文风。丛书出版得到法律出版社朱宁女士、刘文科博士、孙东育女士、王珊女士的大力支持，在此表示诚挚感谢。

由于德国联邦法院的裁判涉及广泛的社会领域和深厚的专业知识，系争案件的事实问题和法律问题往往相当复杂，判决书使用的表达方式也比较晦涩难懂，再加上我们的专业水平和语言水平有限，可以查考的资料也不尽齐全，因此本套丛书中的缺点和舛误之处在所难免，真诚欢迎读者批评指正。

2015 年 10 月 7 日

南京

自　序

接受母校南京大学中德法学研究所的委托后，我首先确定了德国民事诉讼法中的十五个重点问题。这些问题中既有程序问题，又有证据问题；既有民事诉讼法的经典问题，如法律救济途径、当事人能力和证明标准等，也有随着时代发展出现的新问题，如电子签名、DNA 分析和投资示范程序等。其后，我通读了《联邦最高法院民事裁判集》（BGHZ），为每个问题选取了一个最重要的典型判例。完成判例的翻译后，我围绕每个判例的主要内容和重要意义进行了简单的评析。

在项目的实施过程中，德国雷根斯堡大学的哥特瓦尔德教授（Prof. Peter Gottwald）和维尔茨堡大学的阿门特-特劳特教授（Prof. Anja Amend-Traut）给予了诸多帮助。谨以此书的出版表达我最诚挚的谢意。

本书的判例均根据《联邦最高法院民事裁判集》的版本译出，每个判例均标明了卷号和页码。

德国法学博大精深，裁判文书大多晦涩难懂。囿于作者水平，错误和疏漏在所难免，望专家、读者批评指正。

李大雪

2019 年 4 月 15 日

目录

第一章　教会内部纠纷的法律救济途径

第一节　判决原文

《联邦最高法院民事裁判集》第 154 卷,第 306 页以下(BGHZ 154,306-315)

一、要旨

1. 救世军神职人员因雇佣关系而产生的工资诉讼,即使请求权的正当性取决于神职人员是否被有效解聘,也可以使用国家法院途径。

2. 在教会内部争议中,教会或者宗教团体所享有的司法请求权既不用区分职务关系和雇佣关系,也不用区分教会职务法和财产法上的后果。

3. 教会的自决权不会限制[国家]提供司法的义务,但可能会限制被攻击裁判接受司法审查的程度和范围。

4. 如果教会内部争议可以声请教会的内部法庭或调解委员会处理,在穷尽教会内部法律途径之前,不存在声请国家法院提供法律保护的需要。

5. 对于教会或者宗教团体根据教会或宗教团体自主法制定的基本条例或自我规范,国家法院不能审查其合法性,仅能审查其有效性。

6. 有效性审查仅限于审查该措施是否违反了法律制度的基本原则,如是否存在一般恣意禁止(《基本法》第3条第1款),以及是否有违善良风俗(《民法典》第138条)和公共秩序(《民法典施行法》第30条)。

7. 教会法院作出的有存续效力的裁判也只接受有效性审查。

8. 神职人员是否被有效解聘的问题由教会或宗教团体自主裁判。

《基本法》第140条结合《魏玛帝国宪法》第137条第3款

第五审判庭2003年3月28日判决

原告:M.

被告:H.

V ZR 261/02

第一审法院:科隆州法院

第二审法院:科隆州高等法院

二、事实

1975年原告成为被告救世军的军官。他们签署了一份声明,明确同意不建立“聘用”关系,也不签订任何劳动合同。

原告在巴塞尔接受培训后即开始从事军官工作,最后一段时间他们是在普福尔茨海姆教区传教,级别是少校。1998年,被告的教区主管书面投诉原告在会计和出纳方面的工作存在瑕疵,对于存放着捐赠物品和衣物的军营也管理不善。多次警告无效之后,原告被调往瑞士。2001年1月29日,被告的教区主管写信宣布终止原告的军官职务,他在信中称,原告在瑞士重新开始的尝试已告失败,因此不适合继续担任军官职务。2001年2月,被告宣布原告“无法续任”。

原告申请判令被告支付2001年3月至11月的工资,即9219.06马克和30,294.54马克加利息。原告认为,他们与被告之间存在劳动关系,该关系既没有因被调往瑞士也没有因被解除军官职务而终止。

被告则宣称,国家法院不应对此进行裁判。

原告最初声请的是普福尔茨海姆劳动法院,该法院将争议移送给科隆劳动法院,科隆劳动法院因无管辖权又将争议移送给科隆州法院。州法院以诉讼不合法为由驳回了原告的请求,州高等法院认为诉讼不正当,也驳回了诉讼。原告被许可上告,在上告中仍然没有胜诉。

三、理由

Ⅰ. 控诉法院(州高等法院)认为,国家法院可以对本案的法律争议进行裁判。原告作为救世军的军官,与其他宗教团体的神职人员具有可比性。当事人之间不存在劳动关系。没有劳动关系的神职人员是否可以向国家法院提起诉讼要求支付工资,对此最高法院迄今为止都没有作出过裁判。根据联邦宪法法院新近的判例(1999 年 9 月 18 日的裁定,载 NJW 1999,349)和联邦最高法院的判例(本庭 2000 年 2 月 11 日的判决Ⅴ ZR 271/99,载 NJW 2000,1555),至少在——与本案一样——没有内部法律途径可供使用的情况下,原告是可以向国家法院起诉的。但该诉讼在实体方面不能获得支持,因为原告作为被告军官的身份已被 2001 年 1 月 29 日的信件有效终止了。这种终止在实体方面是否合理,考虑到教会的自主权,国家法院不必对此进行审查。

Ⅱ. 经过审查,本庭认为控诉法院的理由是成立的。

1. 控诉法院合理地肯定了向原告开放国家法院法律途径的做法。这一点应由上告法院独立审查,《民事诉讼法》第 545 条第 2 款没有剥夺上告法院的裁判权(参见本庭 2000 年 2 月 11 日的判决Ⅴ ZR 291/99,NJW 2000,1555;MünchKomm-ZPO/Wenzel 2. Aufl. Aktualisierungsband § 545 Rdn. 17)。

a) 被告是受到承认的公法上的宗教团体。对于教会和宗教团体,本庭 2000 年 2 月 11 日的判决(Ⅴ ZR 271/99,NJW 2000,1555 mit Anm. v. Campenhausen, Zeitschrift für evangelisches Kirchenrecht[ZerKV] 2000,622;Kästner NVwZ 2000,889;Mauer JZ 2000,1113;Nolte NJW

2000,1844;Rüfner LM GG Art. 2 Nr. 73)认为,原则上所有法律问题都可以声请国家法院裁判,它的判断依国家法律作出。联邦行政法院2002年2月28日的判决(载JZ 2002,1102 m. Anm. Mauer)也延续了这一观点。无论是有利于还是不利于教会和宗教团体,国家都应当有提供司法的义务,同样,对于国家领土上的所有法律主体而言,无论是对他有利还是不利,即使在适用国家法律规范时必须对宗教团体的前问题进行澄清,国家也有义务提供司法。受宪法保护的教会自决权(《基本法》第140条结合《魏玛帝国宪法》第137条第3款)并不会架空国家的司法主权。根据《魏玛帝国宪法》第137条第3款,该自决权要受到适用于所有人的法律的限制。

b)本庭2000年2月11日的裁判(Ⅴ ZR 291/99,NJW 2000,1555)虽然只涉及宗教团体在民法上针对其成员的不作为请求权,但该裁判所作的原则性理解却不仅限于此。提供司法的请求权适用于所有依照国家法律进行判断的法律问题,更确切地说,即使在教会或者宗教团体——例如本案的被告——没有以自己的教会法设定国家司法管辖权的情形中,也同样如此。此外,提供司法的义务不依赖于国家是否明确地"同意"了明示或者默示"让与"的宗教裁判权(参见BGHZ 46,96,101)。最后,作为救世军的军官,原告相当于教会和其他宗教团体的神职人员,他们向被告主张因雇佣关系而产生的财产请求权,这一点与向国家法院提出声请并不冲突。依据适用于雇佣关系的内部团体规则所主张的工资请求权与要求提供劳动力的请求权是相互关联的,它们都是雇佣关系中的根本性法律元素。因此,两者都可以从国家法律中派生出来。不过,这一点无需深化,因为,并不仅仅是在教会内部纠纷涉及某项由国家法律派生出来的请求权时,国家才有提供司法的义务,毋宁说是,只要纯粹由教会内部设定的请求权或者纯属教会内部的法律问题涉及对所有人都有效的普通法律的适用,国家就会介入。因此,通往国家法院的法律途径即使在下述情形也会开启,即案件涉及"隐藏的身份程序",如在本案中,所主张请求权的正当性取决于被告是否有效地终止了原告的军官身份。因为对于司法提供义务而言,既不会在乎职务关系和雇佣关系的区分，也不会在乎宗教职务法和财产法后果的区分。撇开两个领域有着纵横交错的关联不谈，它们的区分事实上已经非常困难，对它们进行区分也毫无意义。不能仅仅因为法律问题涉及教会自治的范围，如组织自治和职务任命自治等，国家司法就一律不作出裁判。因为根据《基本法》第 140 条与《魏玛帝国宪法》第 137 条第 3 款，教会自治的范围不是一片法外天地，而是嵌入国家法律制度之中的（参见 Campenhausen，Staatskirchenrecht 3. Aufl. 363 ff.；Kästner NvewZ 2000，889，890）。一项属于教会自治权核心领域的措施或者裁判与法律制度的基本原则是否相符，要根据国家法来判断，对此只能声请国家法院作出裁判。

联邦行政法院对此所持的不同观点（参见 2002 年 10 月 30 日的判决，2 C 23/01），本庭不能苟同。准许使用国家法院的法律途径并不会影响对教会自主管理的保障。教会内部事务是否以及在多大程度上受国家法院监控，这并不是法律途径合法性的问题，而是所主张请求权的正当性问题。同样，在此不会考虑根据《司法统一法》第 2 条第 1 款将案件提交给联邦各最高法院联合法庭裁判，因为联邦行政法院对于这个——此处最重要的——问题，即"是否会根据《基本法》第 19 条第 4 款对教会人员因财产法上的请求权提供国家法院保护"，迄今为止不置可否（BVerwG NJW 1983，2580，2582；1983，2582，2583；Vgl. auch BVerfG NJW 1983，1569，2570）。在教会内部或者宗教团体内部的法律问题只是作为所主张请求权是否正当的前提问题时，国家法院也是有管辖权的（本庭 2000 年 2 月 11 日的判决，见前注，第 1556 页）。

2. 此外，本庭也同意控诉法院的下述裁判，即对于是否可以使用民事法律途径的问题，不能再进行审查。因为，科隆劳动法院将法律争议移送给州法院，根据第 17a 条第 2 款第 3 句，这种移送对控诉法院也有拘束力。即使移送违反了法律，这种拘束效力仍然存在（参见联邦最高法院 2000 年 2 月 24 日的裁定Ⅲ ZB 33/99，NJW 2000，1343，1344），其结果是，不能再对其他法院体系的管辖权进行裁量（参见联邦最高法院 2001 年 7 月 24 日的裁定Ⅵ ZB 12/01，NJW 2001，3537，3538）。

3. 起诉在其他方面也是合法的，尤其是，它并不缺乏法律保护需要。法院不能指责原告没有穷尽团体内部的上诉途径。

a）如果原则上可以肯定国家法院的权限，则并非也同时确认，诉讼标的就毫无限制地由法律来判断。毋宁是必须在具体情形中审查，国家法院的审查和裁判权限是否以及在多大程度上受到教会自决权的限制。《基本法》第 140 条与《魏玛帝国宪法》第 137 条第 3 款保障教会和宗教团体在普通法律的界限内独立规范和管理自己的事务，通过这种方式，宪法虽然没有限制提供司法的义务，但对提供司法的程度和范围进行了一定的限制（Steiner NVwZ 1989，410，415）。自主管理权与普通法律及国家法院的司法处于一种交互关系，这一点决定了国家提供司法的内容和范围。对此应当进行法益衡量，即根据教会和宗教团体的基本神职规范来考虑它们的自主管理权和自我定位。

教会自主管理权包括有权创造机会，通过声请自己的法院或者调停委员会根据教会的自我定位来解决教会内部纠纷。如果创设了这种法律途径，并且可以指望它提供有效的权利保护，则国家法院在教会法律途径穷尽之前不能进行裁判（参见 BVerfG NJW 1999，349；Kirchberg NVwZ 1999，734）。在这种情况下，诉讼就缺乏法律保护需要。此时教会内部的权利保护具有优先地位，国家提供司法是辅助性的。与此相反，本庭在 2000 年 2 月 11 日的裁判中在其他意义上使用了辅助性的概念，提到国家的司法相对于教会内部的司法而言不是辅助性的，它表达的意思仅仅是，司法提供请求权不会因教会法院的设立而被完全排除。该裁判并没有以此同时表达教会内部的法律途径相对于国家司法来说不具有优先权。

b）根据控诉法院未被声明不服的认定，被告仅仅设立了调查委员会，其任务是准备和实施纪律程序。没有迹象表明这个委员会可以相当于独立的法院或者调停委员会，能够为拒绝支付工资提供法律保护。

4. 起诉不正当。

从实体上看，国家法律保护的内容和范围取决于哪些东西应当被视为教会或宗教团体自己的事务，这要根据事物的本质或者目的来看，并且需要对宗教法上规定的教会或宗教团体的保护需要和自由需要与针对个体的普通法律进行权衡（本庭 2000 年 2 月 11 日的判决 V ZR 271/99，见前注第 1556 页）。如果权衡的结果是，案件只是涉及教会或宗教团体依照自己的自主权基于宗教基本法与以此为基础的自我定位而采取的措施，则国家法院就不能对它的合法性进行审查，而只能审查其有效性，即看它是否违反法律制度的基本原则，如一般恣意禁止（《基本法》第 3 条第 1 款）、善良风俗（《民法典》第 138 条）和公共秩序（《民法典施行法》第 6 条）（参见 BVerfG 70，138，168；Rüfner LM Art. 2 GG Nr. 74）。这同样也适用于教会法庭或调停机构作出的有存续效力的裁判（本庭 2000 年 2 月 11 日的判决 V ZR 271/99，NJW 2000，1555，1557）。因为只有当其裁判的标的本身也受宪法保护时，这类机构的行为才属于教会自主管理和自决权的宪法保障范围（参见 v. Campenhausen，Staatskirchenrecht 3. Aufl. S. 370）。

a）被告是否有效终止了原告军官职务的问题属于被告自主裁判权的范围，因而不能根据劳动法的原则来判断。被告并没有以劳动关系来聘用原告担任军官职务。对于教会或宗教团体与从事神职活动的个人之间能否订立这样一种劳动合同的问题（持肯定观点的是 Weber NJW 1983，2541 ff.，2550；1989，2214，2221），这里不需要进行裁判。根据 1975 年签订的声明，双方没有建立劳动法关系。该声明明确排除了这种劳动合同或者聘用合同，因此即使口头上的劳动合同也不存在（BAG NJW 1978，2116 对于所有神职人员适用；NJW 1990，2082，2083 对于天主教修会牧师适用）。由于原告是被告的（从事神职活动的）军官，与教会或者其他宗教团体的神职人员一样，并不是要在人身依附关系中提供听命于他人的劳动，所以即使从内容上看，也不能把当事人之间的法律关系归入（事实上的）劳动关系（BAG NJW 2003，161，162）。这一判断与下述事实并不矛盾，即在原告任职期间，被告在柏林的联邦职员保险机构为其缴纳了保险。因为，劳动关系只是多种可能引起保险义务的雇佣关系之一，在宗教团体特有的雇佣关系中也可能产生保险义务，在原告担任军官职务期间当事人之间即存在过这种特殊的关系(联邦劳动法院1990年2月7日的判决5 AZR 84/89,NJW 1990,2082,2083)。

b)在2001年1月29日的信中,被告的教区主管F——如控诉法院所认为的那样——是想立刻“开除”原告还是仅仅想宣布“解除雇佣关系”,对此无需进行裁判。在两种情形中都规定了不发工资。是否考虑“依照各自教区的规定”支付一定的补偿,这并不重要。姑且不论原告通过自己的声明已经放弃了向被告要求支付工资和其他请求的权利,他们在起诉中也(只是)明确主张“工资请求权”。

c)如果原告对纪律法上终止军官关系的行为提出质疑,则不能由国家法院对被告的决定进行合法性审查。教会和宗教团体有权自主确定教会职务的规则以及由此产生的人身要求,并依此来做出自己的决定。职务和雇佣关系所具有的教会或宗教团体的神职宗教特征越多,受国家法律保护的主体法律地位就越弱(参见Ehlers ZevKR 27[1982],269,292 f.;v. Mangoldt/Klein/Starck/v. Campenhausen aaO Art. 137 WRV,Rdn. 201)。本案中,被告声称,原告在“履行军官义务”中,即在被告的基本规则所规定的神职人员职位上,有个人错误。因而,解除神职人员的职务是一种纪律处分,对此原告只能声请调查委员会处理。他们没有这样做,但这并不会扩展国家法院的审查范围。假如根据被告的团体法,原告完全没有机会通过行政途径对自己被解聘的行为进行辩护,这时会不会有不同的处理,此处无需裁判。因此,解聘不受合法性审查,而只受有效性审查。原告在事实审查中没有指出被告的自我定位有违反法制基本原则的问题,如违反一般恣意禁止(《基本法》第3条第1款)、善良风俗(《民法典》第138条)和公共秩序(《民法典施行法》第6条),因而无需依法查明。

第二节　评　　析

本案的核心问题是教会自决权和国家司法权之间的关系。在西方,国家和宗教的关系源远流长,现代国家即是在宗教冲突和战争中形成的。目前,绝大多数国家是与宗教相分离的。尽管德国也实行政教分离,但它的宗教组织法至今仍然保留了很多传统的理念,德国更加强调国家与宗教各自的独立以及相互保持距离。它并没有把教会和其他宗教团体视为一般的社团组织,而是赋予了宗教组织一定的自决权。

一、关系回顾

教会自决权从1848年开始就成为德国宪法的组成部分。《普鲁士宪法》(1848年)第15条规定:"新教、罗马天主教以及任何其他团体自主规定和管理其事务,并继续占有和享用用于礼拜、宣教和慈善的机构、捐赠和基金。"《保罗教堂宪法》(1849年)第147条第1款规定:"每个宗教团体都自主地规定和管理自己的事务,但受制于一般国家法律。"《魏玛帝国宪法》(1919年)第137条第3款规定:"每个宗教团体在对所有人都适用的法律界限内自主规定和管理其事务。"根据德国现行宪法《基本法》(1949年)第140条,《魏玛帝国宪法》第137条被直接纳入《基本法》,继续有效。①

在学界,人们对教会自决权的范围一直存在争议。有学者认为,《基本法》规定的并不仅仅是一种自我管理的权利,而是承认宗教团体的自我决定权,以及其完全不受国家监视和监护的自由。② 宗教团体的自决权包括组织自由、规定自由和管理自由。其中规定自由是指国家不能对教会的规则制定施加影响,教会法律规定不需要提交国家批准才能生效。教会的管理自由则包括自由确定实现管理任务的各种机构,其中主要是职务任命。"规定"和"管理"的概念相当广泛,也包括自己的司法,即按照法院的方式解决自己的事务,包括制定必要的程序法。这一点在一些大的教会中比较常见。教会自决权的范围不由国家

① 《魏玛帝国宪法》制定于1919年,1945年德国战败以后被盟国管制委员会废止。1949年联邦德国成立之后,该法的第136条、第137条、第138条、第139条和第141条被《基本法》吸收。该法其他条款在不违背联邦法律的情况下继续有效,但经过20世纪60年代进行的法律清理之后,仅有第109条在今天仍然有效。

② v. Campenhausen/H. de Wall, Staatskirchenrecht 4. Aufl., S. 99.

单方面确定,而应"实质性地、按照事物本质或者目的来决定哪些应视为教会的自我事务"。[③] 例如自由地任命主教和其他神职高级教职、神职人员的教育和培训、成员的权利和义务、教会的职务法和劳动法以及行善活动等。

不过,另一些人则强调,宗教团体的自决权要受到"适用于所有人的法律"的限制。什么叫"适用于所有人的法律",Johannes Heckel 有一个经典的定义,即"即使原则性认可教会的自主权,但从整个国家的立场来看必须承认为教会自由之必要限制的法律。换句话说,每部对于作为政治文化和法律共同体的整体国家而言不可或缺的法律,但也仅仅是这样的法律"。这一定义被学界和司法判例长期使用。由于这一概念具有很大的解释空间,所以学界的讨论很多,争议很大,司法判例也不断作出解释。[④] 其实,简单地讲就是普通法律。此外,教会当然需要服从《基本法》的一些原则和制度,例如民主原则、国家主权原则等。

在实务中,国家法院对于教会领域的司法一直保持克制,遵循着非常严格的限制路线。自《魏玛帝国宪法》制定以来,法院一直恪守对宗教内部事务没有管辖权的规定,不提供司法保护。无论是民事法院还是行政法院,甚至包括联邦宪法法院对此都有非常严格的限制,尤其是在宗教职务法方面。即使在财产法方面,也只有当教会明确放弃管辖,或者至少是默许国家法院管辖后,相应的法院才能介入。在此期间,仅在例外情形中,如在涉及教会的所有权、不正当竞争、幼儿园和交通安全义务等问题时,才可向普通法院提起诉讼;涉及职务关系、墓碑和征收教会房屋时,可向行政法院提起诉讼。[⑤]

这一路线从 2000 年开始松动。联邦最高法院在 2000 年 2 月 11 日作出的裁判与此前的判例不同,开始强调国家对教会和宗教团体的司法提供义务。联邦最高法院认为,即使需要首先澄清教会内部的一

---

③ BverfGE 70,138,165.

④ 参见 v. Campenhausen/H. de Wall,Staatskirchenrecht 4. Aufl.,S. 109-114。

⑤ 参见 MünchKomm-ZPO/Wolf 2. Aufl. GVG § 13 Rdn. 101-103。

些前问题,教会或宗教团队也可以向国家法院申请提供法律保护。[⑥]随后,联邦行政法院关于犹太教区参与分配萨克森-安哈尔特州国家补助的判决,[⑦]更被学术界视为司法判例的重要转折。司法界的新风向表明,国家法院在教会案件中的提供司法的退缩态度已经走到尽头,国家法院可能会更多地介入宗教事务。

二、本案的突破

与2000年的判决相比,联邦最高法院在本判决中对教会自决权及与国家司法的关系进行了非常详细的阐释,明确放弃了坚守几十年的严格路线,进一步确定了新的方向。新的突破尤其体现在阐明了以下几个问题:

1. 国家的司法义务源于宪法,不受制于教会自决权

联邦最高法院在判例中明确表示,国家提供司法的义务是宪法规定的,不需要征得教会同意,也不以国家在这个领域是否有特殊的意愿为前提。“无论是有利于还是不利于教会和宗教团体,国家都应当有提供司法的义务,同样,对于国家领土上的所有法律主体而言,无论是对他有利还是不利,即使在适用国家法律规范时必须对宗教团体的前问题进行澄清,国家也有义务提供司法。”仅在纯粹的宗教内部事务中,如礼拜、圣事管理和教会内部结构等问题,才不会涉及国家的司法。判例还指出,教会和宗教团体也得遵守宪法国家制度。受宪法保障的教会自决权包括的范围“不是一片法外天地,而是嵌入国家法律制度之中的”。“相对于法院司法,教会和宗教团体不存在原则上的自由空间;它的自有领域会在案件裁判的框架内被考虑,而不是从一开始就将国家司法排除在外。”[⑧]如果以此为基础,就不难理解国家法院对教会的渗透。

2. 教会司法权与国家司法权不是平级的

国家司法和教会司法的关系以前被描述为相互对立和并存关系。

---

⑥ BGH NJW 2000,1555.

⑦ BVerwGE 116,86.

⑧ Weber,Kirchlicher Rechtsschutz und Staatliche Gerichtsbarkeit,ZevKR 49,394.

从国家的视角来看,是否设立教会法院以及教会的司法权限有多宽,纯粹是教会自己决定的问题,国家并没有为他们设定界限。然而这并不意味着教会法院的判决与国家法院的判决具有同样的作用:因为司法权仅由国家法院行使,只要根据国家法存在司法提供请求权的地方,就只能由国家法院提供法律保护。教会法院即使满足了国家法院的所有前提条件,也不是国家法院。因此使用教会法院的法律途径不能视为已行使了司法提供请求权。联邦最高法院明确表示,此前的观点,即教会案件仅由教会法院负责,排除国家法院的法律途径,已不再正确。只是由于教会法院与教会案件的距离更近,它无需遵守国家信仰中立的原则,因而更适合于处理信仰问题。

司法提供请求权要求"原则上对诉讼标的进行全面的事实审查和法律审查,并由国家法院作出有拘束力的裁判"。20 世纪 50 年代以来延续的、国家法院在教会和宗教团体的效力范围保持防御的态度,可能给人造成一种错误的认识,即认为国家法院在宗教案件中的司法是国家对教会的一种监视。这种认识是违背关于国家和宗教关系的原则性理解的。然而这个问题应当辩证地来看待,一方面,宪法所保障的教会自决权不是要架空国家的司法主权,另一方面,教会自决权也为国家的司法设定了一定的界限。这个界限指的是国家法院审查和裁判权限的标准和界限,即国家法院仅对法律保护请求的正当性进行审查,而不是审查它的合法性。

由此可见,国家司法提供义务和教会自决权之间的平衡不再是在诉讼的合法性层面来寻求,而是在正当性层面来寻求。也就是说,国家法院通常会将宗教团体自决领域的诉讼视为是合法的,只有在审查原告对于宗教团体是否真的享有所主张的请求权,即该请求权是否正当——这个问题时,教会的自决权才有意义。

3. 穷尽教会法律途径

联邦最高法院指出,"如果教会内部争议可以声请教会的内部法庭或调解委员会处理,在穷尽教会内部法律途径之前,不存在声请国家法院提供法律保护的需要"。对于国家法院而言,要求寻求法律保护的人在声请国家法院之前穷尽教会内部的权利保护措施，这不过是根据一般诉讼法原则所确定的对于利用法院所必需的法律保护需要。与其他的法律纠纷一样，在教会案件中，如果还有可以利用的教会内部解决措施，法院就会认为缺乏法律保护需要。从这个意义上讲，要求穷尽教会内部法律途径，也是承认教会法院具有合格的人员组成，基于其对特殊领域的相近关系，可以对涉及教会的法律纠纷作出相当的裁判。当然，这里没有考虑寻求法律保护人的时间因素。如果某个教会有多重审级，走完所有的程序往往可能需要几年。在这种情况下是否存在声请国家的充分理由，需要视具体情况而定。⑨

联邦宪法法院曾经指出，应当顾及教会的自我规则，“在穷尽这方面现存的教会法律途径之前不要对教会的职务法问题按照一般法律和以满足司法提供请求权的标准来进行裁判”，⑩这是诉讼法上对于声请国家法院的合法性要求，它考虑了教会司法的特殊性。这当然不是说，教会内部的司法与国家法院的司法在法院组织法上处于同一个位阶，似乎教会司法与国家司法以一种审级的形式各自具有一定的管辖权限。尽管事实上教会的法庭在人员、程序和裁判质量方面都跟国家法院基本处于同一个水平，但它不是《基本法》第 92 条意义上的法院。⑪也更不能认为，教会司法应当考虑国家在教会案件中的司法提供义务。

三、存在的问题

对于本判决，学界有不同的解读。尽管主流观点认为，它是国家司法权的继续扩张，但也有人认为它仍然行进在原来较为克制的道路之上，因为判决也明确指出，仅对“教会裁判的有效性进行审查”，而且对有效性的审查也仅限于“审查该措施是否违反了法律制度的基本原

---

⑨ Kästner, Vergangenheit und Zukunft der Frage nach rechtsstaatlicher Judikatur in Kirchensachen, ZevKR 48, 310.

⑩ BVerfG, NJW 1999, 349, 350.

⑪ Kästner, Vergangenheit und Zukunft der Frage nach rechtsstaatlicher Judikatur in Kirchensachen, ZevKR 48, 310.

则,如是否存在一般恣意禁止,以及是否有违善良风俗和公共秩序”。[12]

如果说上述分歧只是学理解读,不具有权威性,那么联邦行政法院在裁判中的摇摆态度则可以说明德国司法界对这一问题仍然存在较大争议。联邦行政法院在2002年2月28日作出了一项松动的裁判,[13]半年以后,即2002年10月30日又作出了一项严格的裁判。[14] 该裁判不仅毫无限制地证实了此前的严格路线,在某些重要问题上甚至还更加严格,明确强调教会在教会职务法方面不受国家司法控制,指出由教会的机构作出裁判也是遵守国家法律制度的根本原则。

直到十年之后,联邦行政法院才在2014年2月17日的判决[15]中明确指出,国家法院的法律途径也向神职人员和教会的官员开放,国家法律途径具有补充性和从属性特征。基于宪法所保障的司法提供请求权,神职人员和宗教团体的官员也有权声请国家法院,对宗教团体的职务法措施是否与国家法相符进行审查。此判决明确放弃了联邦行政法院2002年10月30日的判决。它还指出,宪法所保障的宗教团体的自决权在法院审查的范围和强度中才予以考虑。国家法院审查的内容和范围取决于,国家法的各个调整范围对宗教团体自决权有怎样的限制。神职人员和官员的职务法是宗教团体自决权的核心。在这个领域内,国家法院仅限于审查被攻击的措施是否违反了《基本法》第79条第3款规定的根本性宪法原则。在职务法案件中,必须先寻求宗教团体自己的法律途径,寻求无果之后才能声请国家法院。

总的来看,在所有存在教会法院法律途径的地方,需由教会法院先行处理,另外,国家法院收回控制权,对教会自我立法的解释和适用进行审查。国家法院具有最终的管辖权,这也是保证民主法治国家公共秩序的需要。

---

⑫ Hermann Weber, Kontroverse zum Rechtsschutz durch staatliche Gerichte im kirchlichen Amtsrecht, NJW 2003, 2067, 2069.

⑬ BVerwGE 116, 86.

⑭ BVerwG, NJW 2003, 2112.

⑮ BVerwG, Urteil vom 27. Februar 2014–2 C 19/12–, juris.

四、结语

21世纪初，关于国家司法提供义务和宗教团体自主权的争论非常激烈，分别以联邦最高法院和联邦行政法院的几个判例为代表。一派认为，国家司法权应当扩展；[16]另一派认为，应当维持原来的克制路线。[17] 学界更期待联邦宪法法院关注和讨论该问题，并且作出原则性裁判。联邦宪法法院在此后的两个裁定中，并没有借此机会对这个关键的问题进行解释。[18] 不过 Lübbe-Wolff 法官在其中一个裁定中投了否决票，[19]这一点非常值得注意，它说明甚至在联邦宪法法院内部对于这个问题也存在争议。直到2014年联邦行政法院放弃其此前立场以后，这一争论才得以平息。

德国实行政教分离，国家不指定国教，公民享有宗教信仰自由（《基本法》第4条），宗教团体享有自决权（《基本法》第140条）。由于教会的人员同时是公民和教徒，所以国家和教会这两个机构实际上并不可能彻底分离，立法机关仅仅是将其从组织上、根源上分开了。[20]在历史上，德国曾有过皇帝和教会关于主教续任权的争斗，为了防止再次出现这种情况，从《魏玛帝国宪法》开始，德国立法机关选择了合作模式，[21]这与法国和美国的做法不同。德国的联邦政府和各州政府都会和教会签订相应的协定，例如在梅克伦堡州政府和州教会团体签订的协定中，规定“国家和教会这种分离既要求保持距离，也要求进行合作”。[22] 在日常生活中，教徒的事务与俗世国家有很多交集，教会作为一种公法团体也受到不同法律的规制。从国家方面来讲，尽量在《基

---

⑯ BGH, 2003-03-28, V ZR 261/02, NJW 2003, 2097 und BVerwG, 2002-02-28, 7 C 7/01, DVBl 2002, 986.

⑰ BVerwG, 2002-10-30, 2 C 23/01, BVerwGE 117, 145.

⑱ BVerfG, 2004-01-27, 2 BvR 496/01, ZevKR 49, 777 (2004) und BVerfG, 2004-01-27, 2 BvR 1978/00.

⑲ Droege, Neues zum „Quis judicabit?“-oder: Ist das Bundesverfassungsgericht(k) ein staatliches Gericht? ZevKR 49, 763.

⑳ v. Campenhausen/H. de Wall, Staatskirchenrecht, S. 90.

㉑ de Wall/Muckel, Kirchenrecht, S. 86.

㉒ ebd., S. 87.

本法》规定的自决权框架下保证宗教团体享有最大限度的自治，但从教会方面来看，德国的这种克制态度承受了越来越大的政治压力，也不断在遭到突破。一方面欧盟“从上面”要求对这种关系进行某种修订，另一方面社会的发展和变化也“从下面”不断对这种模式造成冲击。

历史表明，国家和教会的关系不能简单地描述为由基督教国家过渡到了世俗国家，而是共处，只要是在同一空间内共处，就不能被相互取代。国家和教会在本质上都有一些恒定的元素，当然它们的表现形式也受到历史变迁的影响，对于其任务与各自的关系会不断出现新的阐释。鉴于历史教训，德国并不十分强调公民服从命令和听话，而是强调参与和共同承担责任。由于宗教团体的信众同时也是普通的国家公民，他们会受到国家权力的影响。当然，民主自由的国家也不会不承认宗教团体的共存，它会在法律上对其关系作出规定。经验表明，不能用简单的概念来概括国家与教会的关系，如分离、中立和宗教自由等。现实是多层面的，甚至每个州的历史情况都不一样。

第二章　法定法官

第一节　判决原文

《联邦最高法院民事裁判集》第 95 卷，第 22 页以下（BGHZ 95，22-28）

一、要旨

州高等法院审判庭吸收借调法官参与的，属于未按规定组成法庭，即使该借调法官已经在州高等法院完成某计划职位的试用并且被认为适合该职位，而仅仅因为司法管理机关的一般晋升限制而未能在州高等法院的计划职位履职，又重新作为借调法官在工作。

《民事诉讼法》第 551 条第 1 项；
《法院组织法》第 115 条、第 117 条、第 70 条第 1 款

第八审判庭 1985 年 6 月 5 日判决

原告：St. H.

被告：K.

第一审法院：希尔德海姆州法院

第二审法院：策勒州高等法院

二、事实

原告曾于1971年7月26日将自己位于H的废弃地产A公路租给了被告,现提起诉讼要求被告清理现场,并将租赁物交给A. L. 人寿保险公司,该公司在发生诉讼系属后已在土地登记簿中登记为该地产新的所有权人。

州法院驳回了诉讼,控诉法院支持了原告的请求。

被告提起上告,本庭撤销判决,发回重审。

三、理由

Ⅰ. 在控诉法院于1984年3月30日组织的最后一次口头辩论中,州法院的S法官作为借调法官参与了审理,并且也在被声明不服的判决上签了字。上告责问,延请该法官不符合法律规定的条件(《民事诉讼法》第551条第1项)。1983年2月1日至7月31日,该法官被借调至策勒州高等法院试用,在此期间,他被认定具有晋升为州高等法院法官的资格。1984年2月16日,他又重新作为借调法官在策勒州高等法院工作,直到1984年6月被任命为州高等法院法官。他未在1984年2月16日获任州高等法院法官,原因是下萨克森州司法管理部门打算节约开支,不愿多支付一名州高等法院法官的工资。

Ⅱ. 上告对于法院组成的责问是正当的。

1. 本审判庭就上告所陈述事实的真实性向策勒州高等法院院长进行了询问。答复称:

州法院S法官在1983年2月1日至7月31日被派往策勒州高等法院试用实习。1983年10月15日,策勒州高等法院发布了两个法官职位的招聘通知,该法官于1983年11月1日写信应聘。尽管已经被认定为适合从事州高等法院正式法官的工作,但他仍然被1984年1月9日的一纸决定重新借调至策勒州高等法院,工作时间从1984年2月16日开始。策勒州高等法院院务委员会作出决议,把他分配到第二民事审判庭,该庭在他的参与下作出了本案程序的控诉判决。他在州高等法院担任1983年11月15日空缺出来的管理人员正式职位,从职位待遇上看属于R2级别,该职位的前任是州高等法院的 O 法官。下萨克森州司法部部长于 1984 年 4 月 24 日签署文件,任命他为策勒州高等法院的法官。该任命文件于 1984 年 5 月 15 日颁发给他,符合下萨克森州司法部长在附随文件中所规定的期间。

招聘程序的依据是下萨克森州财政部 1983 年 1 月 25 日的通令(NdsMBl. S. 108)和 1984 年 2 月 1 日的通令(NdsMBl. S. 238)。根据 1983 年 1 月 25 日通令第 2. 1 条和第 2. 3 条,原则上待晋升为州高等法院法官职务的法官须在与晋升职务相关的岗位上工作六个月,之后才能成为州高等法院的正式法官。此外,还须遵守九个月的职位填补限制(上引通令第 1 条),不过在特殊情况下该晋升限制可进行折算。根据这些规定,州法院的 S 法官本来须等到 1984 年 8 月 16 日才能被任命为州高等法院法官(他 1984 年 2 月 16 日入职,加上六个月的晋升限制期),由他所管理的、1983 年 11 月 15 日就空缺出来的正式职位也在前一天届满了九个月的填补限制期。但他仍然根据 1984 年 2 月 1 日的通令得以提前晋升,原因是在 1984 年年初,下萨克森州财政部长与下萨克森州内政部长商议后,同意对涉及州高等法院法官、高等行政法院法官和高等社会法院法官的填补限制期进行特殊处理。1984 年 2 月 1 日通令第 2. 1 条和 1983 年 1 月 25 日通令第 2. 1 条都规定了六个月的晋升限制期。但是,根据 1984 年 2 月 1 日通令第 2. 3 条,晋升限制期可以从如无该限制人事措施就可能已经完成之时起计算。因此,重要的时间节点不是 R2 职位的填补限制期届满之时,而是晋升职位空缺之时。由于州法院的 S 法官本应获得在 1983 年 11 月 15 日离职的州高等法院 O 法官的职位,所以他能够在 1984 年 5 月 15 日六个月的期间届满后就获得晋升。

2. 根据上述情况,控诉法院在 1984 年 3 月 30 日进行最后一次口头辩论之时未按规定组成。

a) 根据《法院组织法》第 115 条,州高等法院由一名院长或多名审判长与无数法官组成。“组成”指的是创设正式职位(参见 Kissel, GVG § 59 Rdn. 3; Zöller/Gummer, ZPO 14. Aufl. § 59 GVG Rdn. 1)。《法院组织法》第 115 条的出发点是,在州高等法院处理法官事务的法官,是受该法院正式聘用的。《基本法》第 97 条第 2 款保障专职和正式聘任法官在人事上的独立,原则上他们不能在职位届满前违背其意愿被解聘、被长期或短期剥夺职务、被调离或者退休。法院里处理法官事务的借调法官不是正式聘任的,因而他们在人事上的独立不能得到保障。借调法官的任何协助工作都可能危及他所属审判机构的独立性。这种危险在具体案件中是否严重并不重要。这种观点对于州高等法院的借调法官也同样适用。如果必须终身聘任这样的借调法官(《德国法官法》第 28 条第 1 款),也不能排除他们所存在的危险,尤其是因为他们正式入职州高等法院以及其他方面的晋升都是由司法管理机关负责的,在决定时总是会想到能否得到上级机关批准,这种想法会造成一定的影响。(BGHZ 22,142,144.)因此,这种人事独立不能得到保障的借调法官只能例外地并且只能因强制性理由才被准予协助司法工作(参见 BVerfGE 14,156,163;BVerfGE 1983 年 3 月的裁定,-1 BvR 813/84-,未公开;BGH aaO)。判例认为可以使用借调法官的情形有:下级法院的正式法官被派往州高等法院,为考察他们是否具有从事州高等法院法官工作的能力进行实习;正式法官临时出缺,业务分配计划为其所指定的代理法官由于自己的任务繁忙,不能处理该法官的工作,必须由人代理;出现暂时性非常规的工作等(参见 1965 年 11 月 24 日的判决-Ⅷ ZR 219/63 = LM ZPO § 551 Ziff. 1 Nr. 44 = NJW 1966,352 m. w. Nachw)。如果法院的工作负担是因为没有配备足够的正式人员而无法完成,或者是因为司法管理机关耽误了在合适的期间内填补空缺的正式职位,即使出现上述情形,使用借调法官也是违反法律规定的(参见 BVerfGE 14,156,164,165;BGHZ 22,142,145;BGHSt 8,159,160)。

b)本案不存在可以例外地允许州法院的 S 法官在最后一次口头辩论中参与审理的情形。

他未能在 1984 年 5 月 15 日之前被任命为州高等法院的法官,仅仅是因为他的晋升受到下萨克森州财政部 1984 年 2 月 1 日通令第 2.1 条和第 2.3 条的限制。法官的晋升限制,像在本案中那样不考虑具体情况而导致空缺的正式职位在一定时间内不能被填补，既违反了《法院组织法》第 115 条，也与《基本法》第 97 条第 2 款的精神不符。它会导致出现本案的情况，使司法管理机关将那些已经准备晋升为州高等法院法官的人作为借调法官派往该法院。晋升限制与填补限制产生的效果相同，因为它的开始时间与正式职位的空缺是连在一起的。这种晋升限制的后果只能是，限制期届满之前不可能存在空缺的正式职位，或者该职位在届满以后才创设（参见 Katholnigg JR 1985，38）。因此，它与法院正式职位配备不足的情形一模一样。在这种情况下，州高等法院的审判庭就是未按规定组成。这里使用了借调法官，他本来已经在州高等法院为了某一正式职位完成了实习，并且被认为是适合的人选，仅仅因为司法管理机关未考虑具体情形的晋升限制而未能被聘入州高等法院的正式职位，又重新作为借调法官而不是正式聘任的法官在从事工作。

c）这里也不存在合法代理的情况（《法院组织法》第 117 条、第 70 条第 1 款）。正式职位的真空状态是由晋升限制所造成的。如前所述，该限制造成的结果是，该正式职位的前任离职后至州法院的 S 法官被任命为州高等法院的法官之前，这个正式职位好像就不复存在。对于不再存在的正式职位不能指定代理人（OLG Hamburg JR 1985，36 und Kissel，GVG § 59 Rdn. 3 也得出同样的结论）。

第二节　评　　析

本案的核心问题是如何正确理解法定法官。《基本法》第 101 条第 1 款第 2 句规定“任何人不得被剥夺接受法定法官审判的权利”，这是德国公民受宪法保护的一项基本权利。该权利受到侵犯时，可以向联邦宪法法院提起宪法抗告。保障法定法官是德国法中具有重要地位的一项基本原则，联邦宪法法院也因此对法定法官保障的内容和界限作出了多项判决，尤其值得一提的是“业务分配计划案”、“超额配备案”、

"前期介入的法官案"、"宪法法院法官的任职期限案"、"请示义务案"和"审判团体案"。[①] 从发展趋势来看,法定法官的要求在不断加强,法院在裁判法官的决定权方面几乎没有自己的考量余地。[②]

一、法定法官的含义

联邦宪法法院指出,"《基本法》第101条第1款第2句旨在预防司法管理机关通过操控对司法机构施加不恰当的影响,尤其是通过选择性地任命裁判法官影响具体案件的结果。负责裁判的法官不得逐个案件——临时地和个别订制性地——进行选任。这一点有助于司法的独立和保障寻求法律保护者对法官中立性的信任"。[③] "独立"、"中立"和"法定"是这里的关键词。它们的关系如下:中立以独立为前提,中立通过独立来实现。独立不仅仅是指事务上和人事上的独立,在更广义的范围内是正义、公平的判决的代名词。法官的内在独立是指司法判决只服从于法,不受其他因素影响。因而,法官的核心功能就是保障正义,其背后的关键概念是"独立"和"中立"。[④] 如何保障法官的独立和中立,是所有围绕"法定法官"进行讨论探讨的问题。法官的独立包括事务上的独立(《基本法》第97条第1款),即国家的司法权仅能由法官行使,法官只服从法和法律,以及人事上的独立(《基本法》第97条第2款),即司法行政机关不能任意解聘和调离其不喜欢的法官。

《基本法》第101条第1款的规定与1919年的《魏玛帝国宪法》第105条和1849年《保罗教堂宪法》第175条第1款的规定几乎完全相同。其基本的根源是分权理论,立法权、行政权和司法权分开,司法权独立,不受立法权,尤其是行政权的干涉。当然,根据分权理论,立法机关可以制定地域管辖、事务管辖和功能管辖的规定,还仅仅是一种法定法官的外部保障措施,至于法院内部的法庭组成和业务分配,则由法院自己解决。法院与法官几乎是同义词,法院作为审判组织的进一步区

---

① 分别参见 BverfGE 17,294;19,52;40,268;82,286;87,282;95,322。

② Grunsky, Widersrpüchliches zum gesetzlichen Richter. Festschrift Weber 2004, S. 569.

③ BVerfG NJW 1995,2703.

④ Müßig, Gesetzlicher Richter ohne Rechtsstaat? Eine historisch-vergleichende Spurensuche. S. 9.

分是后来才发展出来的。开始,审判组织的设立和组成,以及业务分配由院长、庭长和年长的法官一起组成的院务委员会来决定。但在纳粹统治期间,院长被视为司法行政机关的一员,受上级指令的约束,纳粹政府通过院长可以对业务分配和审判庭的组成施加影响,从而干涉法官独立,更为严重的,通过设立特别法庭,完全颠覆和剥夺了公民接受法定法官审判的权利。"二战"后,联邦德国吸取了这个教训,对于法院内部审判组织的组成进行了严格的规定。

二、法定法官的发展脉络

如果说《基本法》的规定构成了"法定法官"原则的核心,而联邦宪法法院则通过一系列的判例作出了具体规定。并非任何违背业务分配和审判组织事先确定要求的行为都会危及实质正义,从而侵犯公民要求法定法官的请求权,而是一种恣意的违反行为才会构成对公民基本权利的侵犯。⑤

在联邦德国建立之初,联邦宪法法院通过大量的判例细化和完善了法定法官的规定。在 1954 年的一则判例中,联邦宪法法院指出"要求接受法定法官审判的权利首先是要保护司法独立,使其不受行政机关,也包括司法行政机关的不当干预。……但如果法院的措施和裁判是恣意作出的,它也可能侵犯每个人要求接受法定法官审判的权利"。⑥ 不久后,联邦宪法法院再次明确强调:"任何人不得被剥夺接受法定法官审判的权利之要求与保障法院的独立性一样,都是要防止无权者对司法的干涉,并保护寻求法律保护者和公众对法院独立性和客观性的信任。……从现在开始,其保护功能也延伸为,任何人不得被剥夺接受法院组织的内部措施为其案件依法选任的法官审判的权利。"⑦ 由此可见,接受法定法官审判的权利从组织保障(接受法院审理)开始过渡到依法具体确定的法官(正确的法官)。这里涉及法院的业务分

⑤ Müßig, Gesetzlicher Richter ohne Rechtsstaat? Eine historisch-vergleichende Spurensuche. S. 70.

⑥ 联邦宪法法院 1954 年 2 月 26 日的裁定,载 BVerfGE 3,359。

⑦ 联邦宪法法院 1956 年 3 月 20 日的判决,载 BVerfGE 4,412。

配计划和审判组织的设立与组成。但具体的业务分配还是由庭长自由裁量,法院内部的业务分配计划是否需要进一步具体化,联邦宪法法院给出了否定的回答。[8] 由此可以看出,宪法法院希望在法定法官的要求和保持必要的业务分配灵活性之间寻求一种适当的平衡。[9]

这种严格的解释在1997年达到顶峰。联邦宪法法院的大审判庭作出裁定,认为法定法官原则上要求事先通过抽象的规则规定,哪些法官可以各自参与哪些程序。其裁判理由如下:"根据联邦宪法法院两个审判庭的观点,《基本法》第101条第1款第2句意义上的法定法官也包括在具体案件中被选任参与协助的法官,一般抽象的事先规定必须延伸至最后一个阶段,即涉及具体法官人员的阶段。在这个阶段,法官代表着各自具有管辖权的法院进行审判,也应当采取预防措施,防止各种出现司法权被操控的可能性以及对它产生的怀疑。……因此,在这一点上,法官的管辖权也必须是'法定的',即由法律规定来确定。法定法官的概念不是指为每个具体的个案寻求具体的法官,而是指每个案件根据普遍的、事先确定的特征'盲目地'分配给进行裁判的法官。法治国家的法定法官原则禁止不按规范、逐个地挑选参与协助的法官,而不是普遍抽象地事先规定。"[10]为了实现"规范的司法",法院内部的业务分配计划必须执行更加严格的标准,至于为什么要这样做,联邦宪法法院并没有作出解释。

在进入21世纪以后,这种判例有了一些松动。原则上,业务分配年度计划一经制订,就不得更改。若出现法官及审判庭负担过重或者过轻、个别法官的调离以及生病等情况,不得不更改年度计划时,以前的做法是由庭长自行分配。但在1999年《加强法官和法院独立性的法律》[11]颁布之后,改为由该庭所有职业法官共同商议决定。为了保证能够根据新的情况持续调整业务分配计划,联邦宪法法院作出了松动的

---

⑧ 联邦宪法法院1965年2月3日的判决,载BVerfGE 18,344。

⑨ Callies,Der Richter im Zivilprozess-Sind ZPO und GVG noch zeitgemäß? Gutachten A zum 70. Deutschen Juristentag,A 67.

⑩ 联邦宪法法院1997年4月8日联合法庭的裁定,载BVerfGE 95,322。

⑪ Gesetz zur Verstärkung der Unabhängigkeit der Richter und Grichte vom 22. 12. 1999.

判例:"《基本法》第 101 条第 1 款第 2 句的要求,即对每一年度进行裁判的法官应当通过普遍抽象的规定尽量具体明确地事先确定,但这并不排除在业务年度期间通过同样的程序调整规定。法院及其审判庭和各部门的司法活动总会面临不可预知的事件和发展情况,如负担过重、负担不足或者不平衡、个别法官离岗或者长期不能从事工作等。这些情况要求审判组织或者院务委员会介入,以维持或重建业务运行的效率。"⑫"嗣后调整业务分配尤其必要,特别是如果以这种方式可以满足加快处理(刑事)案件的宪法要求的话。不过,在这种情况下,要求接受法定法官审理的权利也没有被完全排挤。更为准确地说,在这种情形中,嫌疑人要求法定法官的权利和刑事司法有效运行的法治国家要求以及宪法上的加快原则必须取得适当的平衡。"⑬如果法定法官因负担过重或者其他原因长期不能工作,则院务委员会可以违背当事人的意思将案件进行重新分配,但需要对合法性理由进行全面记录。毕竟,联邦宪法法院也承认存在一种要求法定法官顺利裁判的请求权。⑭

有学者认为,尽管欧洲各国都有关于法定法官的外部保护措施,但法院内部的保护措施确是德国独有。⑮ 最近,欧洲人权法院作出一项判决,认定因错误地进行业务分配和不法地组成审判庭而违反了《欧洲人权公约》第 6 条第 1 款。⑯ 在该案中,控诉法院违背现行法律规定,组成了 2 人,而不是 3 人的合议庭。在另一起案件中,新上任的法院院长多次调整了法院内部的业务分配计划,把一起已系属多年、实际上已经完结的执行案件分配给自己,并在同一天作出本案判决,判定该强制执行不合法,并不得提起上诉。⑰ 这个案件也被欧洲人权法院作为违反《欧洲人权公约》的典型案件。由此可见,德国的做法已逐步影响到欧洲其他机构。

⑫ 联邦宪法法院 2005 年 2 月 16 日的裁定,载 NJW 2005,2689。

⑬ 联邦宪法法院 2009 年 3 月 18 日的裁定,载 NJW 2009,1734 f。

⑭ 联邦宪法法院 2009 年 3 月 18 日的裁定,载 NJW 2009,1734。

⑮ Müßig,Recht und Justizhoheit. 2. Aufl. 2009,S. 335 ff.

⑯ ECHR,Judgment of 17 December 2013,Case of Mocanu v. Romania.

⑰ ECHR,Judgment of 5 October 2010,Case of DMD-Group.

三、本案为何不符合法定法官的规定

本案是因为州政府想节约人员经费而导致没有按规定组成法庭。1982 年和 1983 年，下萨克森州和其他州一样，因为要整顿财政，对聘用和晋升法官采取了节约措施。空缺的正式岗位几个月后才填补（填补限制），合乎条件的晋升人员推迟几个月晋升（晋升限制）。法院在例外情形中可以使用借调法官，但借调法官因此而成为一般聘用限制和晋升限制的常态，这就违法了。

在德国法官联合会的敦促下，多个州都已经取消了这种限制。[18] 随后，联邦最高法院在 1985 年 7 月 11 日作出裁定，对本判决进行了补充。认定因财政法限制而造成的不当法院程序违法。在该案例中，原审判长因达到年龄退休以后，该位置在长达一年的时间里空缺，一直由院长指定的法官代理。联邦最高法院认为，这种做法违反了法定法官的原则。[19]

多个判例表明，联邦最高法院判例对业务分配和合议庭的组成持严格的态度，例如在 1953 年的判决中被任命为审判长的庭长对案件的解决参与程度不够，被视为法庭未按规定组成，如果审判长事实上无法参与案件审理，总是让他人代理，也是违反了法定法官的规定。[20] 如果在州高等法院审判庭的最后一次口头辩论中，某委员并非暂时性地担任了审判长，即使参与讨论和宣布判决时的审判长嗣后被晋升为庭长，该审判庭也是未按规定组成。[21] 不能因为要保障法定法官的请求权，就在（长期不能工作的）正式审判长之外再任命一位（正式的）审判长。[22] 法定法官原则并不要求州法院的合议庭和州高等法院的审判庭仅由与通常参与审判的法官数量相同的法官组成。[23] 如果一位副庭长仅参与了他所担任审判长的合议庭五分之一案件的审判，尽管他对全

---

⑱ Unbekannter Verfasser. Saarland hebt Besetzungssperre auf. DRiZ 1985, S. 41.

⑲ BGHZ 95, 246, 249.

⑳ BGHZ 9, 291, 291.

㉑ BGHZ 10, 130-137.

㉒ BGHZ 15, 135-142.

㉓ BGHZ 20, 355-362.

庭的案件也有大致的了解，但该庭还是未按规定组成。[24] 法官必须由按照抽象一般的规则事先确定的管辖规定来确定，法官并不同样是法官，只有正确的法官（或者审判组织）才能进行裁判。联邦最高法院还作出过类似的判例，进一步对这个问题进行说明，例如判断其是否违法是以该借调法官参与的时间为准，如果参与了口头辩论，就是违法的。[25]

四、其他法律规定中的问题

与《基本法》和判例中对法定法官的严格要求相比，其他一些法律规定却并不十分严密。审判组织没有管辖权，对此又不能提起上诉的规定不少，例如对法律途径的裁判不能被审查（《法院组织法》第 17a 条第 5 款）；一审法院肯定了自己的管辖权，控诉法院就不能对一审法院的管辖权进行审查（《民事诉讼法》第 513 条第 2 句）；上告审不对一审法院的管辖权进行审查（《民事诉讼法》第 545 条第 2 款），以及在抗告程序和法律抗告程序中不能对一审法院的管辖权进行审查（第 571 条第 2 款、第 576 条第 2 款）等。

此外，《民事诉讼改革法》的一些规定与严格要求法定法官的精神相悖。2001 年，《民事诉讼改革法》对民事诉讼程序的一些重要方面都进行了重新构建，以便法院能够在有限的司法资源条件下更好地完成时代所赋予的任务。在诉讼管辖方面，如果声请了没有管辖权的法院，今天通常的做法不再是将起诉作为不合法而驳回，而是移送给被声请法院认为有管辖权的法院，后者受该移送的拘束，因此不能否定自己的管辖权，而是必须作出本案判决。这一点不仅在地域管辖和事务管辖上有效（《民事诉讼法》第 281 条），而且对于错误的法律途径也同样适用（《法院组织法》第 17 条第 2 款）。对于该裁定，不能声明不服（《民事诉讼法》第 281 条第 2 款第 2 句），这一点可以说明法官是可以替换的。

另一个问题是独任法官的问题。从《民事诉讼改革法》施行以后，

---

[24] BGHZ 28，338-344.

[25] BGH，Beschluss vom 26. März 1986-Ⅲ ZR 114/85-，juris.

独任法官与合议庭之间的关系成为法定法官的一个问题。[26] 由于对于独任法官移送给合议庭,或者合议庭移送给独任法官的裁定不能声明不服,因此,现有的一般诉讼法规则已无法解释到底谁是法定法官(独任法官还是合议庭)。也许人们只能想,不管怎样,这是一个由独立法院作出的裁判,因此到底该组织是否按规定组成了,已不再那么重要。这明显与联邦宪法法院对审判庭的组成提出的极高要求不相符,而且与《民事诉讼法》第 579 条第 1 款第 1 项不符。根据该规定,对于不按规定组成的法庭作出的裁判可以提起无效之诉。为什么错误的法庭组成一会儿不重要,一会儿又会导致丧失裁判法律效力,对此找不到合理的理由和答案。[27]

五、结语

没有法定法官就没有法治国家。鉴于纳粹时期法制遭到肆意践踏的惨痛教训,德国对于法定法官原则给予了特别的重视。联邦宪法法院作为《基本法》的守护者,对于这一原则作出了大量细致的解释。联邦最高法院的判例也表明,它对法院内部的业务分配和合议庭组成持严格的态度。然而,仍有一些法律规定与这种要求不太相符。尤其是进入新世纪以后,效率、亲民等需求对于法定法官的遵循造成了一定的压力和冲击。

㉖ S. Schilken, Gerichtsverfassungsrecht, 3. Aufl. 2003, Rn. 349.

㉗ Grunsky, Widersrpüchliches zum gesetzlichen Richter. Festschrift Weber 2004, S. 569.

第三章　藐视法庭和法定听审

第一节　判决原文

《联邦最高法院民事裁判集》第 48 卷，第 327 页以下(BGHZ 48,327-334)

一、要旨

关于英国法庭因被告人藐视法庭而不允许其继续参加诉讼是否违反(德国)公共秩序的问题。

《基本法》第 103 条;《联邦德国与大不列颠和北爱尔兰共和国联合王国关于相互承认和执行民商事法院裁判的协议》(1960 年 7 月 14 日,BGBl 1961 Ⅱ 302)第 3 条第 1c 款;《民事诉讼法》第 328 条第 1 款第 4 项

第八民事审判庭 1967 年 10 月 18 日判决

申请人:G. F.

被申请人:R. F.

Ⅷ ZR 145/66

第一审法院:柏林州法院

第二审法院:柏林州高等法院

二、事实

双方当事人是已离婚的夫妻。丈夫是美国公民,住在柏林。妻子与两个孩子一起住在英国,她要求原丈夫给自己和孩子抚养费。伦敦高等司法院(遗产、离婚和海军法庭)判令丈夫向妻子和子女支付一定数额的抚养费。妻子想执行丈夫拖欠的2291.122英镑,于是向柏林州法院申请,请求其宣告可在上述数额内执行英国高等司法院的裁定。前两审法院准予了申请。丈夫提起上告,希望法院驳回妻子的申请。上告没有成功。

三、理由

1. 联邦德国与大不列颠和北爱尔兰联合王国之间签订了《相互承认和执行民商事案件法院裁判的协议》(1960年7月14日,BGBl 1961 Ⅱ 302)。根据第6条的规定,该协议第3条也适用于柏林。第3条的内容是,一国主权范围内的高等法院作出的民商事案件裁判,只要不存在拒绝理由,在另一国主权范围内都得以承认。拒绝理由包括该法第3条第1c款的规定:"出于公共秩序原因裁判不能得到承认国法院的承认。"上告人认为,本案即属于这种情况,因为英国高等司法院在程序中没有保障丈夫的法定听审权。

英国高等司法院在裁定理由中写道:

"1964年3月2日,我庭对向妻子支付1400英镑和直接向两个子女各支付175英镑抚养费的案件作出临时裁定,判令丈夫支付上述金额,妻子和子女自己承担在英国的所得税。作出该裁定的前提条件是,丈夫继续支付学费以及夫妻共有住房的按揭费和土地税。同时,本庭作出了归还文书的命令。

"丈夫没有履行裁定,并且拒绝支付抚养费、学费、按揭费和土地税,这构成了严重藐视法庭的行为。我庭在1964年8月27日作出让双方当事人相互询问的裁定,但丈夫在付清所有的应付款项和已经产生的费用之前,不得在抚养费诉讼中对妻子进行询问。10月27日,双方当事人均到场参加询问,由于丈夫没有对其藐视法庭的行为作出任何补救的行为,妻子申请不允许他继续参加抚养费程序,我庭准予了该申请(里维斯诉里维斯案,1921卷,第299页)……"

在询问妻子的意见之后,英国高等司法院即作出了支付抚养费的裁定,案件审理时丈夫的律师在场。

控诉法院认为高等司法院的程序没有违反"在法庭面前每个人都有法定听审请求权"的原则(《基本法》第103条第1款)。

根据英国的普通法,一方当事人不遵守离婚法院的临时命令即构成藐视法庭(contempt of court)的行为。在这种情况下,法院可以裁量是否允许该当事人继续参加诉讼。在此需要审查,当事人未遵守命令的行为是否有过错。与适用《民事诉讼法》第225条第1款、第226条第3款、第360条第4款、第834条和第921条一样,适用这种特殊规定并不属于未进行法定听审。

本审判庭最终同意控诉法院的观点。

2.《基本法》第103条第1款规定,每个参加德国法院庭审程序的当事人都有权获得机会,在作出裁判之前对法院裁判以之为基础的案件事实发表意见。这种提供法定听审的原则并不是从《基本法》第103条才开始引入的,此前它就已经是德国法院程序,尤其是《民事诉讼法》和《刑事诉讼法》的基础。法定听审原则在这两部法律中有多方面的体现,《基本法》第103条第1款并没有取代这些具体的规定,从这一点来看,基本法的规定仅仅具有宪法确认和保障的功能。(参见Maunz/Dürig,GG Art. 103 Art. 1 Nr. 19。)但如果程序法的规定在处理具体案件时有漏洞,第103条则作为最低要求规范来填补这一漏洞。在各种具体案件中,如果《基本法》赋予了诉讼当事人某种基本权利或者与基本权利相同的权利,根据《联邦宪法法院法》第90条,当事人就可以向联邦宪法法院提起宪法抗告来维护自己的这种权利。这表明,提供法定听审在德国被视为每个符合法治国家原则的法院程序的支柱。因此,法定听审请求权是"每个人"都享有的,无论他是德国人还是外国人。当然,作为德国的法律规范,《基本法》第103条第1款只适用于德国的法庭,但它也间接地得到外国法院程序的承认。作为德国程序法最重要的基本原则,它已构成德国的公共秩序,外国法院不遵守该原则会导致该法院的判决在德国得不到承认(参见《民事诉讼法》第723条第2款第2句、第328条第1款第4项,尤其是德英协议第3条第1c款)。

3. 假如一个德国法官在离婚夫妻的抚养费程序中因没有遵守临时裁定的命令而拒绝丈夫继续参加诉讼,则他不仅违反了德国程序法,因为程序法没有赋予德国法官这种权利,而且还违反了《基本法》第103条第1款的宪法原则。但是,与上告人的观点相反,这里的问题,即英国高等司法院的裁判是否因违反(德国的)公共秩序而不能得到承认,还是没有解决。

在国际司法中,传统上要区分国内公共秩序和国际公共秩序(参见Martin Wolff, Das international Privatrecht Deutschlands, 3. Aufl., S. 61)。国内公共秩序指的是不能由当事人处分、径直施行的强制法。这些法并不全都属于国际公共秩序。后者只包含部分的强制法,即那些在冲突情形中排斥本应适用的外国法而适用的强制法。在国际民事诉讼法中,类似的区分是很有必要的。每个国家的法院都适用自己的程序法,而不管待裁判的案件与其他法律制度有没有连接点,这是理所当然的。如果外国法院根据德国的法律也有管辖权(《民事诉讼法》第328条第1款第1项),则德国法院原则上会容忍这种行为(第723条第1款)。因此,外国法院未按照德国诉讼法强制性规范所规定的程序作出的判决,并不一定会因为公共秩序保留(第328条第1款第4项,或者根据国际条约)——本案中涉及的是程序法——而被拒绝承认。拒绝理由只是,该判决严重背离了德国程序法的基本原则,不能被德国法律视为经过正当的法治国家程序作出的判决。只有这一点才是判断外国法院的判决是否违反了德国程序法国际公共秩序的标准,而不是在相同的程序中德国法官是否违反了德国程序法的基本原则。

4. a)控诉法院已经合理地指出,《基本法》第103条第1款的基本原则并非适用于任何程序,也并非毫无限制地适用于任何案件。《基本法》第103条第1款并没有完全改变传统的程序类型(参见Maunz/Dürig, GG Art. 103 Art. 1 Nr. 44)。如果根据具体程序的目的和特点必须有所限制，如债权的强制执行（《民事诉讼法》第 834 条）、保全程序（《民事诉讼法》第 921 条）或者颁发逮捕令（《刑事诉讼法》第 114a 条）时，在裁判之前提供法定听审的原则就不能适用。此外，根据德国的诉讼法，一方当事人也可能因自己有过错的行为而失去提供法定听审的请求权，这与本案所要裁判的问题很相近，例如迟于原本可能的时间提交攻击和防御手段（《民事诉讼法》第 279 条、第 529 条）。在符合某些条件时，这些迟到的陈述就会被驳回。最后，根据《法院组织法》第 177 条，如果当事人因违反秩序的行为而必须被逐出审判室因而没有获得法定听审，这也不违反《基本法》第 103 条第 1 款的规定。在这种情况下，他是因自己的行为而失去了本来存在的表达意见的机会（Maunz/Dürig，GG Art. 103 Art. 1 Nr. 60）。

b）德国程序法仅在维护诉讼法体系和具体程序类型的结构下坚持《基本法》第 103 条第 1 款的原则，这种做法可以用来衡量外国程序法是否仅在顾及外国程序法的体系和结构下考虑国际公共秩序。如果两国的程序法存在根本差异，如德国民事诉讼法和英国的程序法，这一点尤其难以证明。因此，德国程序法完全没有法官可以因当事人不听从命令而排除其继续参加诉讼的规定，这一点并不能说明什么关键性的问题。毕竟，根据德国法，当事人也可能因有过错的行为而丧失表达意见的权利。在根本不同的程序中，判断外国法官是否在德国公共秩序意义上侵犯了当事人法定听审权的强制标准，一定不能以比较德国程序法和外国程序法如何规定法定听审原则的方式获得。外国法官在具体案件中如何操作、有没有违背《基本法》第 103 条第 1 款以之为基础的原则，这才是最为关键的。因此，我们需要追问《基本法》第 103 条第 1 款所要保护的基本价值是什么。它一方面是法治国家原则，即原则上禁止在当事人没有机会表达意见之前作出裁判。此外，在法院程序的特殊情形中，《基本法》第 103 条第 1 款还保护人的尊严不受侵犯（《基本法》第 1 条第 1 款第 1 句）。如果诉讼当事人没有被赋予程序主体的角色，可以主动地影响程序的构建，而只是被当成程序客体，在法院程序中任由他人主宰，这就可能是侵犯了人的尊严。因此，关键的问题是，英国高等司法院的程序是否违反了这些原则。本庭认为没有。

c）在以前的裁判（BGHZ 39，173，177）中，本审判庭对《民法典施行法》第30条的保留条款（实体法上的公共秩序）曾判定，关键的问题不在于外国法和国内法是否以不同的原则为基础，而仅仅在于，从德国公共秩序来看适用法国法产生的具体结果是否不公。这一原则也适用于程序法上的公共秩序。因此，只有当法院在这个具体案件中违反了《基本法》第103条第1款所保护的法治国家原则和尊重人的尊严等宪法原则时，才能以公共秩序为由拒绝承认高等司法院的裁定。这里并非如此。控诉法院明确地认定，在本案中英国法院要审查当事人是否有过错地没有遵守命令。被申请人既没有在事实审，也没有在上告审中提供免责的理由。尤其是，在高等司法院的程序中他是得到律师咨询的，他应当知道，不遵守临时命令会有什么风险，因而他不能对这样的后果不满。最后，他也没有对判令其向家人支付抚养费的裁定的正确性和适当性提出任何异议。因此应当认为，他对于裁定的实质内容没有异议。

综上所述，不能以（德国）公共秩序为由拒绝承认英国高等司法院的裁定。

第二节　评　　析

本案涉及法定听审和公共秩序保留两个问题。英国法院的当事人因藐视法庭而被禁止继续参加诉讼，该当事人的法定听审权是否被侵犯？若是，这种侵犯是否构成对德国公共秩序的违反？

一、法定听审

1. 法定听审权的重要性

《基本法》第103条第1款规定：在法庭面前任何人都有法定听审的请求权。《基本法》赋予“每个人”法定听审权，不管他的出身、国籍、宗教和性别，等等。自然人和法人都享有这一权利。除了《基本法》第

103 条第 1 款,《民事诉讼法》中很多规定也隐含了这一要求,如第 118 条、第 136 条至第 139 条、第 141 条、第 275 条、第 278 条第 3 款、第 321a 条、第 335 条第 3 项、第 337 条、第 404a 条、第 574 条第 4 项等。

法定听审权非常重要,它被联邦宪法法院称为“人在诉讼上的原始权利”,也是法律上的程序原则,在法治国家程序中具有最根本的意义。法定听审权的意义体现在两个方面:一方面是客观的法律原则,植根于法治国家之中;另一方面是主观权利,受到宪法的特别保护。因而它是德国程序法上最重要的原则之一,在有的学者看来,甚至是“最重要的程序原则和每个法治国家的诉讼法不可缺少的组成部分”。① 联邦宪法法院不断强调这项基本权利的重要性。在其持续性判例中,联邦宪法法院指出:“对具体的生活案件事实作出封闭性的判决是每个法院的任务,该任务通常不能在未经询问当事人的情况下完成。因此,这种听审是正确裁判的前提条件。除此之外,人的尊严也要求不得由当局直接对他的权利进行处分。”②

2. 法定听审权的内容③

一般而言,法定听审请求权包含以下内容:

(1)获得程序通知的权利;

(2)能够提出事实主张和为此提供证据的权利;

(3)获知对方当事人对事实和法律状况的陈述以及对此发表意见的权利;

(4)听取法庭所调查的或者被法院直接考虑的事实和证据的权利。

与听审权相对应的是法院的义务。法院应当知悉当事人的陈述,对它进行衡量并在裁判理由中吸收重要的陈述。法院应当对当事人的陈述进行合理的解释,在解释时应当重视当事人的观念世界和语

---

① Jauernig, Zivilprozessrecht, 28. Aufl. S. 118.

② BVerfG 9,89,95;39,156,168;63,332,337;70,180,188.

③ 参见[德]罗森贝克、施瓦布、戈特瓦尔德:《德国民事诉讼法》,李大雪译,中国法制出版社 2007 年版,第 571~572 页。

言能力。法院对被视为重要的证据必须进行调查,它还应当遵守自己确定的发表意见的期间。反之,对于审级请求权、对某一程序类型的请求权以及使用律师的请求权,《基本法》第103条第1款则不予保障。

如果诉状完全可以进行实际送达而采用了公示送达,或者在具体情形中使用了有问题的传送途径,就算是侵犯了法定听审请求权。侵犯法定听审请求权的行为还包括为当事人指定难以提供事实的短期期日、拒绝延期或改期、过短地计算表示期间或者不遵守表示期间、不考虑重要的证据以及忽视重要的当事人陈述等。

法院不准许上诉或者驳回新陈述的做法(参见《民事诉讼法》第296条、第296a条、第530~532条)并不违反法定听审。在错误地适用排除规范时必须区分以下情形:排除规范的要件不成立而驳回陈述,或者违反法官的阐释义务和诉讼促进义务而驳回陈述的,可能会侵犯法定听审请求权,但并不一定是构成侵犯,而与最高法院的司法判例不一致的解释则不构成对宪法的违反。④ 然而,如果对当事人的迟误没有进行责备,或者控诉法院不法地排除了新陈述,即使在第一审中已经给予机会进行法定听审,也是违反了宪法。

除了提出事实主张,法院还必须给予相关人员陈述其法律观点的机会。对这一点如今已不再存在任何疑义。此外,一般认为,法定听审请求权并不使法院负有与当事人进行全面的法律对话的义务。法院在裁判前既不必公开自己的法律观点,也不必进行"暗示";当然也不应禁止法院这样做。在进行和解可能性的讨论或者商谈下一步的诉讼进程时,这种法律对话甚至非常有用。法定听审请求权也不会要求法院必须在言词辩论开始之前对于待裁判的问题就形成(临时的)观点并将这种观点告知当事人。法院应给当事人指出事实上和法律上的错误(第139条第1款),使其免受法律上的突袭裁判(第139条第2款)。因此,如果法院对事实陈述的证实提出特殊要求,改变其此前(为当事人所知晓的)法律观点,准备偏离常规判例或者出乎意料地适用外国

---

④ 参见联邦宪法法院判决 BVerfGE 75,302,312f. =NJW 1987,2733。

法律，则必须进行提示。在这一点上，提示义务在两种规定中是一致的：违反第 139 条第 2 款的，则一定同时侵犯了法定听审。

3. 法定听审权的权利人

《基本法》赋予每个人法定听审请求权，这并不意味着，任意一个人在与他人的诉讼中都享有法定听审权。这一权利无疑是只有那些自己的法律状况受到裁判侵犯的人才享有，其中包括当事人和诉讼中的第三人（辅助参加人等）。

法定听审不仅向形式上的参与人提供，而且也要为实质上受到侵犯的第三人提供，只要作出的判决对他的权利有直接的影响。仅仅受到裁判事实上的影响还不够，第三人必须具有法律上的利害关系，而且没有其他合理的方法保护自己的权利不受侵犯。此外，第三人的法律地位不能实质上取决于一方诉讼当事人的处分权。

在实践中，这种问题只存在于特殊情形。例如，一名股东在另一名股东要求解散有限责任公司的诉讼中享有法定听审请求权，子女在夫妻之间撤销婚姻的诉讼中享有法定听审权。如果第三人享有听审请求权，则必须类推适用第 640e 条通知他参加程序，以便他能够作为共同诉讼的辅助参加人参加诉讼。

4. 本案中的法定听审请求权

法定听审请求权旨在保障当事人获得公平的程序，因为它让法院赋予当事人机会，在诉讼中以充分和恰当的方式阐述他的立场。联邦宪法法院对法定听审权的内容进行了细化："《基本法》第 103 条第 1 款给予每个参与法院程序的当事人权利，他有权获得机会，在程序中发言，特别是对法院裁判以之为基础的案件事实和法律状况发表意见。"⑤法院应当获知当事人的陈述，并加以考虑，只要该陈述不是出于程序法或实体法的原因可以或者必须例外地不予考虑。法院只能使用那些当事人此前发表过看法的事实和证据结果。

本案中，丈夫没有履行英国法院作出的裁定，拒绝支付子女的抚养费、学费和共有住房的按揭费、土地费，构成了严重藐视法庭的行为。

---

⑤ BVerfGE 60，175，210.

英国法院应妻子的申请禁止他继续参加抚养费程序。丈夫因自己的过错行为而丧失了听审的机会,他没有采取任何补救措施,而且既没有在事实审,也没有在上告审中提供免责的理由。尤其是,在高等司法院的程序中他是得到律师咨询的,他应当知道,不遵守临时命令会有什么风险,因而他不能对这样的后果不满。德国程序法完全没有法官可以因当事人不听从命令而排除其继续参加诉讼的规定,这一点并不能说明什么关键性的问题。毕竟,根据德国法,当事人也可能因有过错的行为而丧失表达意见的权利。联邦最高法院认为,“在根本不同的程序中,判断外国法官是否在德国公共秩序意义上侵犯了当事人法定听审权的强制标准,一定不能以比较德国程序法和外国程序法如何规定法定听审原则的方式获得。外国法官在具体案件中如何操作、有没有违背《基本法》第 103 条第 1 款以之为基础的原则,这才是最为关键的”。因此,我们需要追问《基本法》第 103 条第 1 款所要保护的基本价值是什么。它一方面是法治国家原则,即原则上禁止在当事人没有机会表达意见之前作出裁判。此外,在法院程序的特殊情形中,《基本法》第 103 条第 1 款还保护人的尊严不受侵犯(《基本法》第 1 条第 1 款第 1 句)。如果诉讼当事人没有被赋予程序主体的角色,可以主动地影响程序的构建,而只是被当成程序客体,在法院程序中任由他人主宰,这就可能是侵犯了人的尊严。[⑥] 本案中的丈夫并非没有机会发表意见,只是因自己的过错而丧失了这个机会,并且没有采取任何补救措施。因此联邦最高法院认定,英国高等司法院的程序没有违反法定听审原则。

二、公共秩序保留

1. 法律规定和判例

从法律层面看,外国的法院裁判只有在国内获得承认后才在国内发生效力。如果某一国家条约规定了承认外国判决,则该规定作为特殊法原则上优于国内法。如今,在大多数情形中,外国裁判在欧盟成员

---

⑥ Pia Tavolari:Das Recht auf Gehör und die Anhörungsrüge. Hamburg,Kovač,2008. S. 17-19.

国之间的承认都是根据《欧洲管辖和执行条例》第 33 条以下、《欧共体管辖与执行公约/卢加诺公约》第 26 条以下,以及《婚姻案件管辖与执行条例》第 14 条以下和其他承认和执行条约完成的。如果国家条约中的承认条件比国内法的规定更加严格,通常适用对承认更为宽松的国内法(所谓有利原则)。由于承认条约原则上仅仅确定承认义务的范围,因而并不排除更为广泛的承认(1960 年的德英协议第 2 条第 3 款就明确这样规定)。

在法院裁判的承认和执行中,不能导致与德国法的重大原则明显不一致的结果,尤其是承认不能够与基本权利不一致(第 328 条第 1 款第 4 项,"公共秩序")。

这些法律规定中的保留被一些联邦最高法院的判决和其他判例⑦有意识地限缩了。因此,并不是每一个偏离实体法或者程序法强制性规定的判决都构成与重大原则不一致,而是要求外国裁判的结果严重地违反了德国法制的基本价值。具体体现为:

(1)实质性违反德国法的基本价值。例如,通过欺诈所骗取的判决或者蔑视国家豁免权的裁判不能被承认。相反,偏离德国国际私法或者普通的偏离或妨碍实体德国法则应当容忍:比如利滚利判决,⑧从外汇法的限制和判决国的征收中产生的不公正⑨等。对从有效的证券交易人行为得出的裁判不能再提出差额抗辩,对损害赔偿判决不能提出其违反了《民法典施行法》第 40 条的抗辩。松散的审前证据开示程序也不排除对美国损害赔偿判决的承认。对多重破坏或者刑事破坏的民事判决也同样不能全部予以拒绝,而是应当承认可以补偿损失的精神损失费加上费用赔偿的数额。在承认对继子女的抚养费判决时应当遵守新的《承认和执行实施法》第 37 条第 2 款。

(2)违反程序公正,与国内的公共秩序相矛盾。例如,在某一程序

⑦ 本判决就是最早的判例之一。后续的一些判例参见 BGHZ 85, 288 - 293: Rechtliches Gehör im Schiedsgerichtsverfahren; BGHZ 102, 338 - 343: Rechtliches Gehör bei Verweisung; BGHZ 130, 97-101: Wiedereinsetzung ohne rechtliches Gehör。

⑧ OLG Hamburg RIW 1991, 154.

⑨ BGH NJW 1990, 2197.

中拒绝法定听审。如果被告没有亲自出庭而法院又不许他聘请律师代理,则该判决不能得到承认。但一般而言,应当容忍合乎规定的外国程序,如简易程序、排除缺席的当事人、没有传唤到期日、由非职业法官裁判或者偏离证据法,也包括未经调取鉴定人结论就认定父亲身份。最后,当事人应当在第一次程序中就以合理的方式对程序错误进行责问,而不能带着责问等到承认程序之前。[10]

2. 本案判决的意义

本案判决对于在实际操作中如何理解公共秩序保留具有指引性意义。联邦最高法院对外国法比较友好,并没有把任何的不一致都归入公共秩序之中加以否定。联邦最高法院以此明确了以下问题:[11]

(1)公共秩序保留不仅只限于实体法,也包括程序法。《民事诉讼法》第 328 条第 1 款第 4 项的公共秩序违反不仅是指违反了实体法的法律原则也可能是违反了程序法的原则,明确列举了提供法定听审、法院的中立性、司法不受其他机构的不当影响等就属于这类程序法原则。

事实上我们不能否认,某些程序原则在我们的法律意识中占有非常重要的地位,承认违反这些原则而作出的判决也与违反我们的实质正义观念一样严重。

(2)并非每个与德国程序法不一致的规定都可以导致拒绝承认该判决,而必须是与德国程序法的强制性规定不一致,程序法的根本性规定,即每个当事人在法院面前都应当得到法定听审的权利,已成为一项受《基本法》保护的基本权利。

虽然德国法也有一些限制法定听审原则的情形和程序种类,但在本案中德国法院不会排除被告的丈夫而进行审理,如果按照德国的标准,英国法院的程序是有法律错误的,而且是违反《基本法》第 103 条第 1 款的严重错误。但仅仅是违反了某一个实体规范,即使是宪法的规范,也不足以构成违反公共秩序。这里有两个对于如何理解公共秩

---

⑩ [德]罗森贝克、施瓦布、戈特瓦尔德:《德国民事诉讼法》,李大雪译,中国法制出版社 2007 年版,第 1190 页。

⑪ Günter H Roth:Zum Geltungsbereich des Ordre Public. ZZP 82(1969),152-156.

序的论断：如果外国程序与德国实体规范的基本价值不一致，才算违反公共秩序；如果在德国法律制度看来该判决不是在一个“规范的、法治国家的”程序中作出的，才会被拒绝承认。

（3）外国判决是否在一个“法治国家程序”中作出，这是判断该裁判是否能够得到承认的关键标准。那些一开始就缺乏法官独立性和中立性、没有保证当事人的武器平等和提供法定听审的判决根本不予考虑。本案中，丈夫因自己的过错行为而导致了被排除在程序之外，他本来是可以避免的。

（4）每个规范以之为基础的基本价值是判断是否违反公共秩序的标准。

并非违反任何法定听审的规定都会导致违反公共秩序，要区分国内公共秩序和国际公共秩序。

观察某个规范应从整个英国程序法的框架下来看，只要在英国因藐视法庭而被排除参加后面的程序没有违反法定听审的要求，就算没有违反公共秩序。并非每个不让当事人陈述的法律规定都应当因拒绝法定听审而被视为违反宪法的。[12] 这种观点可能与国际私法的精神不一致，其范围过于宽泛。本案中的基本价值即是法治国家原则和人的尊严不可侵犯的原则。另外，如果只以基本价值为准，则实体规范就会形同虚设，换句话说，实体规范无法成为公共秩序的内容，每个法官在审理时必须去探究法律规范后面的基本价值，这对于普通法官而言提出了很高的要求。当然，它还是允许法官在具体案件中根据情况有差异性地操作，而它的应用也仅限于在国家法律交往中加以考虑。

三、结语

联邦最高法院的这个判决对于如何理解法定听审和公共秩序保留具有重要意义。联邦最高法院认为，作为宪法保障的法定听审权的主要目的是在诉讼中发展人的尊严以及保证一般自由权。每个人都不应成为法官裁判的客体，而是应当在涉及其权利的裁判作出之前发言，以

---

⑫ Wilhelm Wengler：Verstoß gegen öffentliche Ordnung bei Ausschluß des Beklagten von der Teilnahme am Rechtsstreit durch ein englisches Gericht. JZ 1968，596–598.

便能够作为主体对程序及结果施加影响,亦即其在程序中的主体地位应当得到保障。此外,在本案中,联邦最高法院指出,公共秩序保留是一种例外情形,具有第二性。只有当为了保护不可放弃的权益而显得有必要防止外国判决时,才能以违反公共秩序为由拒绝。如果外国判决符合规范的、法治国家程序的要求,就不会危及德国的公共秩序,应当得到承认。这与过去的理解不同。

第四章　消极当事人能力

第一节　判决原文

《联邦最高法院民事裁判集》第 159 卷，第 94 页以下（BGHZ 159，94–104）

一、要旨

1. 当事人能力是诉讼前提条件之一，在程序的每个阶段都应当依职权考虑其是否缺失。因此，控诉法院不能将与此有关的陈述视为迟延提出而驳回。

2. 然而，只有当有足够的依据表明当事人能力缺失时，才应当对其进行审查。如果法人作为被告，其权利能力和当事人能力最初没有疑问，后来主张丧失了该能力，则它必须提出足够证明其主张正确的事实。

《民事诉讼法》第 56 条第 1 款、第 528 条（旧法）

第十一民事审判庭 2004 年 5 月 4 日判决

原告：F 等

被告：D 公司

Ⅺ ZR 40/03

第一审法院:斯图加特州法院

第二审法院:斯图加特州高等法院

二、事实

原告们因投资收益损失而向被告主张损害赔偿。基本案情如下:

被告是一家根据美国法在纽约注册的公司,1990 年它倡议成立了 D 股份公司,被告将股份信托给监事会和董事会的成员持有。D 股份公司还制订了达克斯计划,准备在德国的股票交易所进行期货交易。为此,它进行了加入基金的认购宣传,宣传资料的首页上写明是 D 公司的产品,并印有被告的标志。在宣传资料中还特别说明,D 公司是被告负责资产管理的子公司。被告成立于 1870 年,是纽约股票交易所最早的私人成员。

1992 年 10 月至 1993 年 8 月,原告们从达克斯计划中认购了 35,000 马克至 120,000 马克不等的股份。

1993 年春,B 公司的雇员涉嫌串通 D 公司的员工从事内幕交易,不过达克斯计划没有直接受损。随后,被告于 1993 年 7 月 22 日和 27 日签订合同,将 D 公司的股权卖给了他人。1993 年 7 月 28 日,D 公司监事会应买家的要求聘任了新的董事会。直到此时达克斯计划都一直是盈利的。在接下来的几个月里,原告投资的金额亏损严重,尤其是由于 D 公司通过签订大量的合同压制佣金。1994 年春,D 公司的财产启动了破产程序。

原告们在 2000 年 2 月分别提起诉讼,要求被告赔偿其投资金额和所付贴水及利息的损失。他们声称,被告发起了达克斯计划,知晓并批准了认购资料。认购资料以被告的声望和行业经验进行宣传,被告自己以此利用了原告的信任。因此,被告应当将出售 D 公司股权和更换董事会的事告知原告。假如原告获知了此消息,他们就会终止参与达克斯计划,并索回他们——在这一时刻甚至略涨——的投资,或者不参与达克斯计划。此外,认购资料所包含的关于股票期货交易的风险说明也是不够的。

前审的所有诉讼都获得成功，在控诉审他们被合并为一个统一的程序。控诉法院许可上告，在上告中，被声明不服的判决被撤销，案件被发回控诉法院重审。

三、理由

Ⅰ.控诉法院的裁判理由主要如下：

D公司达克斯计划宣传资料的广泛传播可能会让被告对投资者负有某种义务，被告违反该义务即导致了原告的损害赔偿请求权。因为有被告良好的信誉、长期的从业经验和偿付能力来保证投资的安全，因此达克斯宣传书很容易获得投资者的信任。这里就产生了被告的保证人地位，因为被告知晓并批准了D公司的达克斯计划，它在宣传时利用了被告的好意。在被告倡议成立D公司之初，他就想到要利用自己的名字和名声吸引股票期货业务的投资者。被告对D公司的活动也有决定性的控制权。达克斯计划的主要活动，尤其是宣传和运作方式，被告都是知晓的。

被告因其信任被利用而产生了保证人义务，这种义务要求被告在转让D公司股份之前通知那些已经参与达克斯计划的原告，告知他们股东即将更换。《民法典》第242条规定的特别终止权就包含了这一点，据此，原告有权在知晓股东更换时行使特别终止权。对于那些在其转让公司股份之后才加入达克斯计划的原告，被告应当采取措施不再使用此前的宣传书，并加以更正。那些人知道股东更换之后就可能会和达克斯计划保持距离。被告的行为人至少具有过失行为责任。原告的损害赔偿请求权并非失效，因为这里适用《民法典》第195条(旧)规定的三十年失效期。只有狭义上的宣传责任请求权类推适用《投资公司法》第20条规定的六个月诉讼时效，然而它并不适用于这里主要的缔约责任。

口头辩论结束以后才提出的主张，即被告早在1998年就完成了清算，已不再是法人，这不会迫使重启口头辩论或者对法律争议另行审理。被告进行相应的陈述已经迟延(《民事诉讼法》第528条)，许可它就可能需要再进行证据调查并导致严重的程序拖延。

Ⅱ. 上述理由并非全部经得起法律检验。

1. 控诉法院拒绝对被告声称其不再是法人的主张进行审理，这一点在结果上是正确的。

a) 然而，控诉法院对此给出的理由却不恰当。

参与法律争议各方当事人的法律存在和当事人能力是诉讼前提条件之一，其缺失时法院在程序的任何阶段都必须根据《民事诉讼法》第56条第1款依职权加以考虑。（BGHZ 134，116，118.）被告虽然有义务根据《民事诉讼法》第282条第3款在为其规定的答辩期间内，或者最迟在第一次口头辩论结束之前提出涉及诉讼合法性的责问。但被告的合法性责问涉及《民事诉讼法》第56条第1款列举的诉讼前提条件，因而不能任由他放弃，这些责问也不能在第一审因逾期而被驳回，而且在上诉审中可以同样作为依职权审查诉讼前提条件的理由。因此，它们在控诉审也不能因逾期而被驳回。

由此得知，控诉法院依据《民事诉讼法》第528条（旧）作出裁判，对被告在口头辩论结束之后提出的关于自己不存在的主张不予理会，这是不正确的。

b) 然而控诉判决却不是基于这一错误作出的。控诉法院出于其他理由驳回了被告关于自己不存在的陈述。

aa)《民事诉讼法》第56条第1款没有要求法院在每个法律争议中都依职权对该规定所列举的全部诉讼前提条件进行全面审查。在这方面，法院仅仅应当“依职权对……缺失加以考虑”。因此，联邦最高法院对于诉讼能力这一条件作出的裁判是：通常认为它存在，只有当有足够的依据表明当事人能力可能缺失时，才进行审查（BGHZ 86，184，189）。如果一方当事人主张他没有诉讼能力，则必须要他提出相应的事实，表明有足够的依据证明其主张可能是正确的（BGHZ 18，184，189 f.；联邦最高法院1969年2月4日的判决Ⅵ ZR 215/67，NJW 1969，1574；1985年10月10日的判决Ⅸ ZR 73/85，WM 1986，58，59）。否则，法院就不必对当事人能力进行审查。

同样的道理也适用于当事人能力这个诉讼前提条件。无论如何，法人——正如本案一样——最初毫无疑问是具有《民事诉讼法》第50条第1款意义上的权利能力和当事人能力的。通常应当认为其能力会存续，只有当有足够的依据表明存在相反的情况时，才进行审查。因此，主张在其间丧失了权利能力和当事人能力的被告，必须提出事实，以足够的依据证明其主张的正确性。在下述情形中尤其应当如此操作：正如本案一样，被告参加了多年的诉讼，而且是在口头辩论结束以后才提出，他在成为被告之前在法律上已经不复存在。在这种情形中，法院必须特别仔细地进行审查，审查其提出的事实中是否存在足够的依据，可以让法院进行——通常非常耗时的——当事人能力审查。这一点之所以非常必要，是因为否则就可能产生为拖延诉讼打开方便之门的危险。

bb）据此，控诉法院没有义务审查被告的权利能力和当事人能力。被告的陈述没有为这种审查提供足够的依据。由于被告多年来一直参加两审的诉讼，并且其主席还出席了控诉法院的两次证据期日，没有提及任何关于清算的事情，因而可以期待，被告会用具有实质内容的事实陈述来说明其在法律争议之前就因清算而丧失了法律存在这个突袭性主张。然而被告并没有这样做。

被告主张其多年前就已经被清算，这一主张本身并不足以成为审查其权利能力和当事人能力的正当理由。因为，被告是在美国设立的，依照1954年签订的《德美友好、贸易和行船协议》第25条第5款第2句，被告的权利能力和与此相联系的当事人能力（《民事诉讼法》第50条第1款）根据设立地法确定（参见BGHZ 153，353，355 ff. m. w. Nachw）。被告没有说明，根据其公司设立地的法律，清算是否以及在何种条件下会导致权利能力的丧失。这种说明不可或缺，因为在适用德国法的情况下，法院可能会认为被告有当事人能力，被告在本案中提起了控诉，控诉胜诉后他可能会享有费用偿付请求权，这就会与认为其毫无财产的观点相矛盾（参见联邦最高法院1985年10月21日的判决Ⅱ ZR 82/85，WM 1986，145；1991年2月6日的判决Ⅷ ZR 26/90，WM 1991，765，766）。因此，必须要有关于这一点的实质性陈述，来澄清被告的设立地法和德国法律状况可能存在的不同,并以此说明被告所声称的清算可能会导致他在本案中丧失消极的当事人能力。

此外,被告没有陈述可供审查的事实,来说明是否进行了清算以及以何种方式进行的清算。他提供了 1998 年 9 月 30 日签订的两份英文合同,没有德语翻译,而且是影印件。合同中只能看出,他当时把一部分财产价值和债务转移给了自己的全资子公司 D 有限公司。这是一个由母公司向子公司转移经济活动的行为,合同里没有母公司清算的内容。

2. 与此相反,控诉法院认可了原告在缔约过程中产生的损害赔偿请求权,根据 2001 年 12 月 31 日之前适用的法律[《民法典》第 195 条(旧)],该请求权的诉讼时效是 30 年。这是不正确的。

a)不过,控诉法院根据德国法对这个问题进行了判断,这一点是对的。当事人在对所主张请求权说明理由以及进行防御时都只引用了的德国法律以及联邦最高法院对宣传责任的判例,根据这一点可以合理地认为,当事人在法律争议中默示同意适用德国法(持续性判例,参见 BGHZ 98,263,274;103,84,86;联邦最高法院 1998 年 12 月 9 日的判决 Ⅳ ZR 306/97,WM 1999,916,917;2000 年 1 月 19 日的判决 Ⅷ ZR 275/98,WM 2000,1643,1645)。他们在上告审中也是一致同意这样做的。

b)原则上,缔约过失只由合同方或者应当成为合同方的当事人承担责任。不过,为了合同方而出现的代理人、介绍人,或者管理人自己也可能例外地因缔约过失而被主张损害赔偿,如果他在很大程度上被人信任或者——本案中不予考虑——他对于缔约有直接的个人经济利益的话(持续性判例,BGHZ 56,81,83 f. ;70,377,341 ff. ;74,103,108;129,166,170;联邦最高法院 1997 年 1 月 29 日的判决 Ⅷ ZR 356/95,WM 1997,1431,1432;参见现在的《民法典》第 311 条第 3 款)。如果使用宣传资料进行了谈判并且要考虑所谓的广义宣传责任,上述理由也同样适用。

被告没有作为 D 股份公司的代理人或者投资介绍人对原告做什

么。作为管理人取得的个人信任,在任何情况下都要求,要么他自己参与了合同谈判,要么在合同谈判的框架内对信任享有请求权(联邦最高法院 1981 年 5 月 4 日的判决Ⅱ ZR 193/80,WM 1981,1021,1022;1984 年 5 月 21 日的判决Ⅱ ZR 83/84,WM 1984,889,890;1986 年 2 月 17 日的判决Ⅱ ZR 238/84,WM 1986,583;2003 年 2 月 3 日的判决Ⅱ ZR 233/01,DStR 2003,1494,1495)。不过,后一种情况不仅仅是指他自己实施了谈判。他让其他人为自己谈判,在合同相对方看来,缔结合同的决定取决于他就足够了(联邦最高法院 1984 年 5 月 21 日的判决和 1986 年 2 月 17 日的判决,见前注)。

被告以这种方式直接或者间接参与了谈判,致使原告认购了达克斯计划的股份,如上告所合理责问的那样,这一点既没有被当事人提出也没有被控诉法院认定。原告的信任,即被告以其长期的从业经验以及由此产生的可靠性和专业知识,作为母公司支持 D 股份公司,保证原告投资的安全,正如控诉法院所认为的那样,仅仅是建立在被告的名声以及他对 D 股份公司和达克斯计划的影响之上的。如果某一投资模式的倡议人或后台不是投资者的合同相对方,并且他没有在这么大程度上享有个人的信任,则仅可能考虑是一种狭义的宣传责任,仅对宣传内容的正确性和完整性负责(关于狭义宣传责任的前提条件参见 BGHZ 71,284,286 ff.;72,382,384 ff.;77,172,175 ff.;79,337,340 ff.;145,187,196;联邦最高法院 1994 年 12 月 1 日的判决Ⅲ ZR 93/93,WM 1995,344,345;关于狭义宣传责任的应用范围参见 BGHZ 111,314,316 ff.;115,213,218 f.;123,106,109;145,121,125 f.;联邦最高法院 1981 年 5 月 4 日的判决Ⅱ ZR 193/80,WM 1981,1021,1022)。

Ⅲ. 因此,被声明不服的判决应当被撤销(《民事诉讼法》第 562 条第 1 款),案件应当发回控诉法院重新审理和裁判(《民事诉讼法》第 563 条第 1 款第 1 句)。控诉法院应当审查,原告所主张的请求权在除缔约过失之外的其他角度上是否有理。由于当事人之间不存在合同关系,且狭义宣传责任所产生的请求权自知晓宣传错误起六个月,最迟在取得股份三年之后就失效了(BGHZ 83,222,223 ff.;联邦最高法院

2003年7月7日的判决Ⅱ ZR 18/01,WM 2003,1718,1719)。在此可特别考虑原告根据《民法典》第826条所享有的请求权,理由可能是认购宣传没有对期货交易的特别风险以及下述情况进行足够的说明(本庭1992年3月17日的判决Ⅺ ZR 204/09,WM 1992,770,771;1996年5月14日的判决Ⅺ ZR 188/95,WM 1996,1214,1215),即D股份公司作为资产管理人对每笔达克斯交易要收取228马克的佣金,这会对损失风险和降低投资盈利机会产生影响。

被告此前对于当事人能力的缺失没有进行足够的说明,如果他进行足够的补充,则控诉法院应首先审查,是否应当在这个角度下将诉讼作为不合法而驳回。这种情况下,控诉法院应当在其义务的框架内,依职权穷尽所有可以考虑的认识渠道,必要时还要考虑原告此前在平行诉讼(11 U 58/2001)中关于被告财产价值(他对其清算人享有追索权)的陈述。在将诉讼作为不合法而驳回时控诉法院应当注意费用裁判(《民事诉讼法》第97条第2款),除此以外还要考虑《法院费用法》第34条的规定。

第二节 评　析

当事人能力是实施诉讼行为的必要条件。一般而言,它应当在起诉时就存在并且在整个诉讼期间都持续存在。在本案中,被告在口头辩论结束以后才主张自己已被清算,不具有消极当事人能力。法院是否应当依职权对此进行审查,成为判决的焦点。

德国民事诉讼法原则上实行所谓的提出原则或者辩论原则。根据该原则,当事人的陈述决定了法院调查的种类和强度。但在涉及诉讼前提条件和本案判决的前提条件时,情况有所不同,因为这些条件不能由当事人毫无限制地进行处分。《民事诉讼法》第56条第1款规定,在涉及当事人诉讼能力时,法院应当“依职权考虑它是否缺失”,但这具体意味着什么，对此存在争议。[①] 争议集中在以下两个方面：

一、为什么要进行审查

依职权对当事人能力进行审查不仅涉及双方当事人的利益，也涉及公共利益。只有充分认识其背后的功能，才能更好地理解依职权审查的不同处理方法。

1. 合法性审查的一般功能

对合法性前提条件进行审查的主要理由是，符合规范的程序进程与公共利益密切相关，[②]因而合法性前提条件不能由当事人随意处分。不过问题是，以何种方式进行。有人认为应当依职权进行调查，因为这样就可以由法院自主决定，而不依赖当事人的行为，并且对于规范程序的利益更加有效。但相反的意见却认为，调查原则并非一定就能更好地保护公众利益，理由是，在适用依职权审查（而不是调查）的原则下，法院对于实体判决的前提条件有重大疑虑时，可以认定诉讼不合法而驳回，这样就可以排除那些不符合规范的程序，反而会更好地保护公共利益。而且，适用依职权审查原则，对于有些合法的诉讼，因当事人的行为不够恰当或者明确，也可能因不合法而被驳回。人们应当忍受这种结果，因为民事诉讼涉及的是私权利的保护和声张。因而只要当事人对于合法性的认定具有某种利益，他也有义务进行相应的事实陈述。只要公众在合法性问题上的利益实实在在是要获得一种规范的程序，适用上述的依职权审查原则就是理所当然的事情。适用调查原则反倒不太合适，因为法院审查的力度被不恰当地提高了。当然也不应当一概而论，除了保证规范性的程序，实体判决的各项前提条件还有各自特殊的一些功能。

2. 诉讼能力的功能

诉讼能力的目的在于当事人的自我保护。在没有诉讼能力时，当事人可以防止自己被提起不合适的诉讼，并承受诉讼的后果。他只能通过代理人有效地参加诉讼。因此，诉讼能力的审查也是在保障《基

① Jens Engelmann-Pilger：Parteifähigkeit und Amtsprüfung. NJW 2005，716-718.

② Oda，Prozessfähigkeit als Voraussetzung und Gegenstand des Verfahrens，1997，S. 49.

本法》第103条第1款意义上法定听审的权利。法院对于无诉讼能力的人尤其负有保护义务,因为他可能没有能力毫无困难地实施诉讼。把有诉讼能力的人当作无诉讼能力处理,也是侵犯了法定听审的权利,因为当事人被剥夺了自主地在法庭面前获取判决的机会。此外,一般性地阐明当事人的诉讼能力,也是司法活动的重要利益所在。[③] 因而对于诉讼能力审查的公共利益超出了纯粹保障规范性程序的范围。

3. 当事人能力的功能

当事人能力除了具有保障规范性程序的一般功能,主要还在于具有减轻法院负担的功能。没有当事人能力时,法院就不必进行实体审查。此外,被一个没有当事人能力的人起诉时,被告也不用进行答辩。这主要是在于减轻法院的负担,而不是一种特殊的照顾义务。因而法院在审查当事人能力时一并负有对双方当事人的特殊保护义务。

上述分析表明,审查各种诉讼前提条件的功能不同,因而法院根据《民事诉讼法》第56条第1款所负的义务就不同,究竟是负有审查义务还是调查义务。当事人对法院调查的影响反映了具体涉及的公共利益。原则上,应当尽量经济地使用国家司法资源,当事人应当承担不假思索的诉讼带来的不利后果。然而,如果国家负有保护义务或者照顾义务,则可以对上述原则作出限制。

(1)基于诉讼能力具有保护功能,法院应不管当事人的影响效力,对相应的前提条件进行全面的审查,以避免不成熟的当事人,也保护对方当事人免受冗长的、不当的诉讼影响。只有这样才能实现其保护功能。因而联邦最高法院也认为,对诉讼能力存在合理怀疑时,应适用依职权调查原则。与行为能力方面的证明责任分配不同,通说认为,在这里,追求作出实体判决的一方当事人应当承担证明责任。

(2)与此相反,在对当事人能力进行审查时,法院不存在特殊的保护义务。也看不到有其他需要对依职权审查作出改变的理由,如果联邦最高法院在这里也希望适用调查原则,则可能走得太远。在这里,证明责任无疑应当是由追求实体判决的一方当事人承担。在上述案例

---

③ Jauernig, Zivilprozessrecht 27. Aufl. (2002), § 25 X.

中,初看起来,美国公司的权利能力只能由被告自己才能回答,但由于被告提供了足够的依据,因而原告也可以从中找到什么。

综上所述,诉讼能力和当事人能力在《民事诉讼法》第56条第1款的框架内需要区别对待。联邦最高法院在上述案例中没有明确说明,"依职权穷尽所有可以考虑的认识渠道"的界限在哪里。由此可以参照公法程序中也存在的当事人的协助义务。尤其是对那些处于其影响范围之内的事实,当事人更应当承担协助义务。蔑视这种协助义务会降低法院的提示义务,还会影响证明程度。因而如果被告重新提起诉讼,应当负有协助义务。

二、审查的时间和范围

第一,什么时候开始审查。在诉讼能力方面,如果出现对诉讼能力的严重怀疑,则有理由进行审查。对此联邦最高法院已经存在持续性判例。[④] 法院根据一般经验法则认为,根据《民事诉讼法》第52条第1款和《民法典》第104条第2项因精神障碍而导致无诉讼能力的现象是例外现象。只有当这种推定被明显动摇或者被实质性的陈述所动摇时,法院才能依职权对诉讼能力进行审查。

联邦最高法院现在判定,这种规定也适用于当事人能力。一般来说,人们可以认为,如果法人的当事人能力在产生时没有任何疑问,它就会一直保持下去。因而,法人一旦产生之后就不再审查其当事人能力,直到有实质性的陈述引起对法人性质存续的严重怀疑。清算和完全解散的情况可能就是这样。对此不会有什么争议。这种由联邦最高法院表述的经验法则在内容上是正确的,它可以避免耗时的审查。

第二,审查义务的范围。原则上,依职权审查指的是法院自己主动对相应的疑点进行审查。与依职权调查原则相反,未经当事人陈述,法院无权进行独立的证据调查,其审查只是限于当事人所提出的事实或者明显的事实。法院可以根据《民事诉讼法》第139条提示当事人注意某种疑虑,并给予他机会消除这种疑虑。由此可见,依职权审查是介

④ BGHZ 18,184,189 f.;86,189;BGH NJW 1996,1059.

于辩论原则和调查原则之间的。[5]

然而有争议的是,依职权审查的这种构架是否也适用于与当事人有关的诉讼前提条件,尤其是当事人能力和诉讼能力。

(1)学界大部分认为,在涉及当事人的诉讼前提条件也应当适用,尤其是《民事诉讼法》第56条第1款还专门规定了依职权审查。依照这种观点,假如当事人在得到相应的提示之后对其合法性并不提出质疑,则法院就没有机会对一方当事人的当事人能力和诉讼能力进行澄清。根据通行的观点,如果出现这种情况,就应当将诉讼作为不合法而驳回,在缺乏诉讼能力或者诉讼能力不能澄清时根据《民事诉讼法》第57条第1款为其选任诉讼保佐人。[6]

(2)然而,有学者指出,最高法院的判例在诉讼能力方面确定了法院具有广泛的调查义务,即有义务"穷尽所有可以考虑的认识渠道"。依照他的观点,在可能的情况下,法院可以越过严重怀疑这个门槛,依职权调取证据,运用调查原则澄清某个问题。按照这种发展趋势,依职权调查的义务现在也明确地适用于当事人能力,本案就是体现这种原则运用的最好例子。[7] 但最终是否越过了这个界限,并不清楚。案件被发回重审,联邦最高法院建议,重审法院必要时可以考虑原告此前在平行诉讼中关于被告财产价值的陈述。

三、结语

辩论原则的具体形态在不断变化,因而对于依职权审查的范围也会存在争议。不过可以确定的是,依职权审查肯定不能像调查原则一样进行毫无限制的调查,否则《民事诉讼法》第139条的提示义务就完全是多余的。除了与当事人相关的诉讼前提条件,其他条件的审查不适用依职权调查原则,对此没有争议。第56条第1款的规定也不反对对涉及当事人的诉讼前提条件作不同的处理。该规定应当是针对所有

---

⑤ BGH,NJW 1982,1467;Jauernig,Zivilprozessrecht 27. Aufl.(2002),§ 25 X.

⑥ BGH,NJW 1962,1511;Schellhammer,Der Zivilprozess,10. Aufl.(2003),Rnd. 1192.

⑦ Jens Engelmann-Pilger:Parteifähigkeit und Amtsprüfung. NJW 2005,718.

正面的本案判决前提条件，对于它们需要依职权考虑。尽管如此，人们都承认，对各个前提条件进行审查的力度是所有不同的，因此，对《民事诉讼法》第 56 条应当如此理解：对于它所规定的内容不适用辩论原则，但该规定并没有要求对所有涉及当事人的诉讼前提条件都进行同样的处理。

第五章　选择性诉的合并

第一节　裁定原文

《联邦最高法院民事裁判集》第189卷，第56页以下（BGHZ 189，56－64）

一、要旨

1. 原告从多个诉讼请求权（诉讼标的）中引出一个单一的诉讼请求，并让法院自己选择根据哪个诉讼理由作出裁判，这种选择性诉的合并违反了《民事诉讼法》第253条第2款第2项关于确切指明诉讼理由的要求。

2. 原告通过选择性诉的合并提出多个诉讼理由的，在控诉审和上告审中还可以补充确定他想主张的多个请求权的顺序。

3. 原告在上告审才确定顺序的，在程序法中同样适用的诚实信用原则可能会限制原告在顺序方面的选择，他必须将最初被控诉法院处理的诉讼标的提交上告法院裁判（TÜV案）。移交裁定在证据手段的称谓、所提起请求权主要内容的描述以及所提出的攻击防御手段方面的错误和不当表述可以在示范程序期间排除，因而不能成为州高等法院撤销移交裁定、将案件发回诉讼法院重审的理由。

《商标法》第 14 条第 2 款第 1 项至第 3 项，
第 15 条第 2 款和第 3 款；《民事诉讼法》第 253 条第 2 款第 2 项
第一民事审判庭 2011 年 3 月 24 日在一个商标案件中的裁定
Ⅰ ZR 108/09

第一审法院：杜塞尔多夫州法院
第二审法院：杜塞尔多夫州高等法院

二、主要内容

法院向原告指出，如果不依照以下分析的标准确定此前选择性主张的诉讼请求权（诉讼标的）的顺序，其起诉会因为诉讼理由不确定而作为不合法被驳回。

三、理由

原告认为被告不当使用自己的三个被诉商标和企业标志中 TÜV 名称，因相同使用（《商标法》第 14 条第 2 款第 1 项）、产生混淆危险（《商标法》第 14 条第 2 款第 2 项、第 15 条第 2 款）以及利用和损害了其知名商标的区别力和价值（《商标法》第 14 条第 2 款第 3 项、第 15 条第 3 款）而侵犯了这些标识，因而主张请求权。她在起诉中没有确定审查的顺序。

1. 原告的诉讼请求依据了不同的诉讼标的。

a）根据联邦最高法院的持续性判例，诉讼标的（诉讼请求权）由被原告所主张法律后果具体化了的诉讼请求和原告所主张法律后果所依据的生活案件事实确定（参见联邦最高法院清洗工作案，2003 年 4 月 3 日的判决Ⅰ ZR 1/01，BGHZ 154，342，347 F.）。如果原告以某种受保护的权利为依据，则诉讼标的由诉讼请求和具体指明的受保护的权利确定（参见联邦最高法院电话卡案，2000 年 12 月 7 日的判决Ⅰ ZR 146/98，GRUR 2001，755，756 f. = WRP 2001，804；儿童时代案，2007 年 9 月 20 日的判决Ⅰ ZR 94/04，GRUR 2007，166 Rn. 60 = WRP 2007，1466；第二儿童案，2007 年 9 月 20 日的判决Ⅰ ZR 6/05，GRUR 2007，

1071 Rn. 56＝WRP 2007,1461;关于著作权参见联邦最高法院国家赠予案,2007年5月24日的判决Ⅰ ZR 42/04,GRUR 2007,691 Rn. 17＝WRP 2007,996)。还需考虑的是,尽管是相同的请求权,多个诉讼标的是否都可以归入某一个商标权。如果既根据《商标法》第14条第2款第2项和第15条第2款主张混淆保护,又根据《商标法》第14条第2款第3项和第15条第3款主张知名度保护,则可能就是两个诉讼标的,因为必须陈述生活案件事实来说明请求权的理由,而两个请求权所依据的生活案件事实却根本不同(参见Büscher in Büscher/Dittmer/Schiwy, Gewerblicher Rechtsschutz, Urheberrecht, Medienrecht 2. Aufl. §14 MarkenG Rn. 698)。

b)因而在本案中,原告从四个标识出发来主张请求权,其诉讼标的无论如何都是不同的。除此之外,如果原告一方面从冲突标识的混淆危险来主张请求权(《商标法》第14条第2款第2项和第15条第2款),另一方面又从利用和损害知名标识的区别力和价值出发来主张(《商标法》第14条第2款第3项和第15条第3款),这也可能产生不同的诉讼标的。附带上告认为,与混淆保护相联系,主张《商标法》第14条第2款第1项意义上相同的侵犯商标行为和《商标法》第15条第2款第一种情形中同一种利用企业标识的行为也构成不同的诉讼标的,本庭对此持怀疑态度,宁愿否定这种看法。但该问题现在可以暂且不论。

c)本庭认为,原告在前几审不是累积性地,而是选择性地主张了各种诉讼标的。在上告审中,原告不能再从选择性诉的合并转移到累积性诉的合并,因为这会构成诉的变更,而在上告审中是不允许变更诉讼标的的(参见联邦最高法院2006年12月6日的判决Ⅻ ZR 97/04, BGHZ 170,152 Rn. 30)。

2. 原告是否可以将一个单一的诉讼请求选择性地置于多个诉讼标的之上,让法院来选择诉讼理由,对此判例和学术界存在争议。部分观点认为,选择性诉的合并是允许的,可以附解除条件地主张多个诉讼请求权,其中一个得到支持其他的就放弃(OLG Nürnberg GRUR-RR

2008,55;OLG Köln GRUR-RR 2010,202;Köhler in Köhler/Bornkamm, UWG 29. Aufl. § 12 Rn. 23a;Saenger,ZPO 4. Aufl. § 260 Rn. 15;Götz GRUR 2008, 401, 407; Bergmann GRUR 2009, 224, 225; v. Ungern-Sternberg GRUR 2009,1009,1012;Schwippert,Festschrift Loschelder 2010 345,348ff.)。依照这种观点,法院在处理选择性诉的合并时,如果要全部或者部分驳回诉讼,就必须对所有的诉讼标的进行裁判。反之,如果支持诉讼,则可仅选择一个它认为有力的诉讼理由,依据该理由作出裁判,让其相应地单独获得既判力(参见 OLG Hamm NJW-RR 1992, 1279)。

另一种观点则认为选择性诉的合并不合法(参见 OLG München OLG-Rep 2003,37;OLG-Rep2003,179;OLG Hamm,Urteil vom 3. August 2009-8 U 237/07 Rn. 66 juris;OLG Düsseldorf,Urteile vom 2. Oktober 2008-7 U 82/07 Rn. 13 juris;Musielak/Foerste,ZPO 7. Aufl. § 260 Rn. 7;Schwab, Der Streitgegenstand im Zivilprozess 1954 90;Wieczorek/Schütze/Assmann, ZPO 3. Aufl. § 260 Rn. 24;Wieczorek/Schütze/Büscher aaO § 322 Rn. 139;Zöller/Vollkommer,ZPO 28. Aufl. Einl. Rn 74;Zöller/Greger aaO § 260 Rn. 5;Berneke WRP 2007,579,585 f.)。即使具有单一的法律保护请求,将该请求选择性地置于不同的诉讼理由之上时,起诉还是没有足够地确定。

本庭以前虽然没有指责将单一的诉讼请求置于不同诉讼理由之上的选择性诉的合并(参见联邦最高法院 TCM 中心案,2000 年 10 月 26 日的缺席判决 Ⅰ ZR 180/98,GRUR 2001,453,455 = WRP 2001 400-;InterConnect 案,2007 年 6 月 28 日的判决 Ⅰ ZR 132/04,GRUR 2008, 258 = WRP 2008,232;布料旗子案,2008 年 11 月 5 日的判决 Ⅰ ZR 39/06,GRUR 2009,766 = WRP 2009,831;世界冠军商标案,GRUR 2010, 642),但从现在开始,本庭赞同前文后一种观点。

a)根据《民事诉讼法》第 253 条第 2 款第 2 项,除明确的请求外,诉状中还要包含对诉讼标的和所提起请求权理由的明确说明。这样就界定了诉讼标的,同时也确定了诉讼系属和既判力的界限,以及法院裁判权限的对象和范围(《民事诉讼法》第308条第1款)。这也是保护被告的要求,被告必须能够看出对他提起了哪些请求权,以便有针对性地进行权利防御(参见清洗工作案,BGHZ 154,342,349)。合乎规定的起诉要求对诉讼标的个体化(联邦最高法院2004年2月11日的判决Ⅷ ZR 127/03,NJW-RR 2005,216)。对此,如果请求权可以单独识别,一般来说就算足够了。这也符合起诉的目的,即让被告明确看出原告想实现其债权的意思(参见联邦最高法院2003年7月17日的判决Ⅰ ZR 295/00,NJW-RR 2004,639,640)。但原告必须按要求确定诉讼标的,不能让法院来进行选择。这也包括在多个诉讼标的时,必须指明将其提交法院审查的顺序。因此,联邦最高法院认为,在主张多个独立诉讼请求权的部分给付之诉中,必须明确说明,所诉金额在各个请求权中如何分配,以及按什么顺序将这些请求权提交给法院裁判(参见联邦最高法院2000年6月19日的判决Ⅱ ZR 319/98,NJW 2000,3718,3719;2008年7月17日的判决Ⅸ ZR 96/06,NJW 2008,3142 Rn. 7)。

在主张由多项受保护的权利或者多个竞争法上的请求权所派生出来的单一的诉讼请求时,亦同,只要他们是不同的诉讼请求权(诉讼标的)并且没有累积性地主张。在这种情况下,为了满足《民事诉讼法》第253条第2款第2项的确定性要求,原告必须指明他所希望主张的诉讼标的的顺序,否则,在选择性诉的合并中,被告到了判决之时都还不清楚,法院会只对一个诉讼标的还是会对多个标的作出判决。只根据一个或者基于多个诉讼标的进行裁判,这个问题对于判决的效力范围具有重要意义。如果法院针对起诉方的多个标识权利作出禁令判决,如本案所发生的情形,则其中一项标识权利的消灭不会对禁令判决造成影响。与此相反,如果判决只是基于一项标识权利作出的,则该权利消灭,被告就可以根据《民事诉讼法》第767条提起执行反诉,对禁令进行抗辩(参见联邦最高法院埃菲尔报纸案,2009年6月18日的判决Ⅰ ZR 47/07,GRUR 2010,156 Rn. 28 f. = WRP 2010,266)。原告选择性地从各自包含独立诉讼请求权(诉讼标的)的多个角度来请求对某一个广告作出禁令,亦同。在这种情况下,法院对诉讼标的的选择也会决定禁令的范围。因为,法院对哪一个标的作出禁止某一广告的禁令,决定着被告必须对被指责的广告作哪些改动,以便其不违反所作出的禁令。若把禁令的范围留给法院去选择,就不符合《民事诉讼法》第253 条第 2 款第 2 项的确定性要求。

b)当事人在诉讼中“武器平等”的一般法律思想也证明选择性诉的合并不合法。选择性诉的合并使被告在相对于原告的权利防御中处于不利地位。如果被告不想败诉,就必须对原告以选择性诉的合并提出的所有诉讼请求权(诉讼标的)进行防御,与此相对,原告却可以将他的诉讼请求置于大量的诉讼请求权之上,而不承担与此相联系的额外的诉讼费用风险。即使原告在单一诉讼请求框架内提交裁判的多个请求权中只有一个请求权获得了法院支持,被告也得承担所有的诉讼费用。由于没有额外的诉讼费用风险,在争取受保护的权利和竞争法上的请求权时,实践中原告往往会提出一大堆诉讼标的(参见联邦最高法院世界冠军案,2009 年 11 月 12 日的判决 Ⅰ ZR 183/07,GRUR 2010 642=WRP 2010,764)。如果原告不确定法院须审查的各个诉讼标的的顺序,被告也无从知道首先需要对一大堆诉讼标的中的哪一个进行权利防御。

c)联邦最高法院的判例与这种判断并不矛盾。诚然,第五民事审判庭在一个存在多个诉讼理由的案件中准许过选择性诉的合并,在该案中,原告既主张相邻权上的补偿请求权,也主张取决于过错的侵权行为请求权(参见联邦最高法院 1997 年 7 月 4 日的判决 Ⅴ ZR 48/96,NJW-RR 1997,1374)。在这种情况下,联邦最高法院的核心标准是,这些请求权不仅前提条件相异,而且法律后果也不同,原告只想主张一次请求权(参见联邦最高法院 1990 年 4 月 20 日的判决 Ⅴ ZR 282/88,BGHZ 111,158,167;NJW-RR 1997,1374)。而选择性诉的合并却不属于这种情况,它追求的是同一个法律后果,而且对于没有裁判的诉讼标的原告还可以在其他的诉讼中继续主张(参见联邦最高法院牌子香水售卖案,2006 年 2 月 23 日的判决 Ⅰ ZR 272/02,BGHZ 166,253 Rn. 23)。

3. 由于本庭在过去并没有指责选择性诉的合并,当事人必须要有机会对选择性诉的合并是否合法发表意见(《民事诉讼法》第139条)。尤其必须让原告有机会说明她以何种顺序让不同的诉讼标的来支持诉讼请求。本来在起诉时就要求进行相应的澄清,但也可以在程序进行期间进行补充说明,而且在上告审还可以补充(参见联邦最高法院1953年12月3日的判决Ⅲ ZR 66/52,BGHZ 11,192,195;1959年12月3日的判决Ⅲ ZR 137/58,ZZP 78[1960]463,465)。原则上,起诉方可以自由确定不同诉讼标的提交审查的顺序,但在上告审中,同样适用于程序法的诚实信用原则可能会对顺序的选择构成限制(参见BVerfGE 104,220,232;联邦最高法院1965年3月25日的裁定Ⅴ BLw 25/64,BGHZ 43,289,292;1990年10月23日的判决Ⅵ ZR 105/90,BGHZ 112,345,349)。据此,原告方不能在上告审首先选择那些控诉法院此前没有以之为依据进行裁判的诉讼标的。因为,当事人让法院在多个诉讼标的中自己选择,如果原告方在上告审优先选择了控诉法院没有确认过的诉讼标的,则必然会让案件发回控诉法院重审,如果原告方优先选择了控诉法院以之为基础进行裁判的诉讼请求,就可以避免发回重审。

在本案中,控诉法院仅对基于1005648号和30412680.2号德国商标的知名度保护以及原告的企业标识的请求权进行了审理,对此作出了确认,并以此为基础对被告进行了判处,因此,在这种情况下,原告将这些诉讼标的——依顺序——首先提交上告法院裁判才是恰当的。

第二节 评　　析

本案被学界称为德国技术监督协会一号(TÜV Ⅰ)案,大约半年以后,联邦最高法院又对相同问题作出过判决(Urteil des BGH vom 17.08.2011,Ⅰ ZR 108/09),后者被称为TÜV Ⅱ案。在这两个判例中,联邦最高法院认定,选择性诉的合并违反了《民事诉讼法》第253条第2

款第2项的规定，因为它没有对诉讼理由进行足够的确定。从此以后，人们不能再列举多项保护性权利或者竞争法上的事实构成，而不确定他们之间的顺序，法院也不能再对一个模糊的保护权利进行裁判。这里涉及的实质上是诉讼标的的问题，因为，诉讼标的的界定是判断是否构成选择性诉的合并的关键。

一、诉讼标的的定义

民事诉讼法中的诉讼标的概念包含两部分：它由诉讼请求和以之为基础的案件事实确定。原告通过起诉确定了诉讼标的，不过诉讼标的不是严格地由所提出的请求和所陈述的生活案件事实限定的，而是由经过恰当解释的法律保护要求和它所包含的整个生活案件事实限定的。① 如果一个支付请求以合同和侵权作为依据，因为其基础的案件事实是单一的，尽管可以从两个不同的法律角度来主张，也只是同一个诉讼标的，而不是两个诉讼标的。反之，如果支付之诉的主要理由是赠送，辅助理由是借贷，则因为赠送合同和借贷合同是两个不同的案件事实，尽管诉讼请求是单一的，也构成两个不同的诉讼标的。但如果邮售商店目录有上千页，其中两页中不同的商品具有误导性，这是否是同一个诉讼标的就存在疑问。虽然原告以其诉讼请求和案件陈述决定了诉讼标的，但问题是，原告的决定权限是不是无边无际的。举一个涉及著作权的例子。例如，在一部由出版社编写的某位作家的杂文集著作中，一个请求是因出版社购买的书中一篇文章的版权到期，另一个请求则因为编者所加的附注有损作者的名誉，现在原告请求禁售该书，这两项请求是构成一个诉讼标的还是两个诉讼标的。如果以上文赠与和借贷的例子为准，则须承认这里也存在两个不同的案件事实，是两个诉讼标的。

二、商标法和竞争法中诉讼标的概念的特殊性

在TÜV Ⅰ和TÜV Ⅱ之前，最迟从电话卡案开始，联邦最高法院认定，各个商业保护权有自己的诉讼标的。是否可以将同一个商标保护

---

① ［德］罗森贝克、施瓦布、戈特瓦尔德：《德国民事诉讼法》，李大雪译，中国法制出版社2007年版，第675页。

权再进一步划分为多个标的(如名称重复、容易混淆和知名度等),在这两个裁判中没有明确意见。同样,这两个案件也没有对竞争法案件中的诉讼标的如何确定做出最终的回答。从多个受保护的权利中提起诉讼,如果仅有一个违法行为和一个诉讼请求,应当认定其中只有一个诉讼标的。专利法的集中原则尤其可以作为法律证明。根据立法机关的意思,针对专利的侵权行为,每项专利仅构成一个诉讼标的,否则原告在法院作出关于A专利的生效判决之后,原告就无法对B专利的侵权行为进行追究。《专利法》第145条制定于1936年,那时还没有开始对诉讼标的的讨论。仅仅根据该规范的立法精神来讨论这里的诉讼标的问题,是显得不太恰当的。由于实务中越来越多的人寻求使用一种选择性诉讼理由,这些理由从两个到多个不等,甚至很多,而联邦最高法院对此并没有明确指责,这就等于是默认了较为宽泛的诉讼标的概念。

竞争法中的诉讼标的概念从 dentalästhetica Ⅰ und Ⅱ案发生转折。在 dentalästhetica Ⅰ und Ⅱ案中我们可以看到,在攻击误导性商业广告时,每一个所称的误导因素都会构成单独的诉讼标的。有机矿泉水案(Biomineralwasser)之后,联邦最高法院在竞争法中又重新回到了 dentalästhetika Ⅰ案之前采用的宽泛的诉讼标的概念,之前采用的严格的做法似乎已完全终结。在这些案件中,如果指责某广告信函有多页是误导性的,则并非每一页都是具体的侵权形式,都有单独的诉讼标的,而是应把广告信函作为一个整体进行攻击,因而只存在一个诉讼标的。同样,对同一页广告或名称从不同的法律方面进行攻击,如有机矿泉水的名称可能因误导性(《反不正当竞争法》第5条)或者因违反食品法(《反不正当竞争法》第4条第11项)以及不当使用交易名称而违法,也只是一个诉讼标的。

与此相反,在商标法中,每个起诉的商标都有自己的诉讼标的,更确切地说,即使它必须与其他商标一起构成系列商标才有说服力,但也是自己就构成独立的诉讼标的。②

三、本案的突破

在竞争法和知识产权法的实践中，越来越多的人寻求使用一种选择性诉讼理由，这些理由从两个到多个不等，甚至更多，因而从公平的角度考虑，有必要对这种很成问题的应对办法进行限制。通过两个TÜV案的裁判，联邦最高法院走出了第一步，从此严格奉行“原子化”的诉讼标的概念，禁止原告从多个诉讼请求权（诉讼标的）中引出一个单一的诉讼请求，并让法院自己选择根据哪个诉讼理由作出裁判。这对实践和学术界都提出了新的问题，需要他们重新适应这种变化。③

几十年来，判例一直在与程序上的欺骗行为作斗争。这些行为在形式上总在不断变化。在紧邻本裁判的“价格比较案”④中，当事人试图通过某种包装把某一商品登记在行业目录中，以产生存在某种合同关系的印象。尽管形式不同，但在整体上会产生一种误导的印象，因此所有的法律都肯定了它存在误导。在该案中，原告请求禁止使用作为附件的信件，其理由不仅仅包含这种误导，而且主张该表格在第二个方面也有欺骗性，即这种价格说明会给人一种印象，人们可以分期付款，每月支付 89 欧元，而实际上必须首付 1068 欧元。这一点是否也应当根据《反不正当竞争法》第 5 条予以禁止，控诉法院没有给出明确的意见，因为使用表格就已经足够说明是一种禁止行为了。联邦最高法院认为这个裁判没有违反它在 TÜV 裁判中所作出的禁止选择性诉的合并的禁令，因为原告的控诉以两个不同的误导构成要件为基础，这两个不同的构成要件是由同一个具体的违法行为所导致的，因而不是两个不同的诉讼标的。它们是一个诉讼标的，因为它们只有一个唯一的生

---

② Christof Krüger. Zum Streitgegenstandsbegriff. Die Entwicklung seit BGH, 07. 12. 2000-Ⅰ ZR 146/98-Telefonkarte, WRP 2013, 140-143.

③ 参见 Büscher, in: Büscher/Dittmer/Schiwy, Gewerblicher Rechtsschutz, Urheberrecht, Medienrecht, 2. Aufl. 2011, § 14 MarkenG Rn. 709 und die dort zitierten Stellen bei Ahrens, JZ 2006, 1184, 1186; Fezer/Büscher, § 12 UWG, Rn. 280 und Büttner, in: FS Doepner, 2008, S. 107, 115; Harte-Bavendamm, GRUR 2011, 1048 spricht (in Anlehnung an Ahrens, JZ 2006, 1184, 1186) vom “zuletzt nahezu atomisierten Begriff des Streitgegenstands”。

④ Urteil am 7. April 2011, Ⅰ ZR 34/09.

活案件事实。这一个单一的生活案件事实同时构成了多个禁止性规范的前提条件,这对于是否只有一个诉讼标的还是存在多个诉讼标的的问题并不重要,因为对具体侵权行为的法律评价是法院的事情。

本裁判在结果上是值得肯定和赞同的。理由虽然简短,但也是正确的。它与该庭此前判例的观点决裂,和长期以来实践中的做法以及学术界的通说保持了一致。⑤ 从趋势上看,联邦最高法院的判例把诉讼标的的概念限制得越来越窄。

四、此后的发展

联邦最高法院列举了判例和学术界的主要观点,完成了根本性的转变。以前,它对于那些只有一个单一的法律保护请求,而有不同诉讼理由的选择性诉讼合并不仅“不指责”,而且还明确地为其开辟了道路。在“TCM 中心”⑥裁判中,在以禁止某个具体广告为目的的辅助请求方面,联邦最高法院没有参照控诉法院的事实认定。原告从多个角度进行了攻击,认为该广告进行了不正当竞争。控诉法院以主要请求和辅助请求缺乏确定性为由驳回了诉讼,但联邦最高法院却根据提交的广告本身认定了该广告违反不正当竞争法,因而认为有理由支持要求禁止整个广告的辅助请求。对此,只需要具体的侵权行为违反了某一个具体的竞争法规定即可。该行为在其他方面是符合竞争法规定还是违反竞争法规定,在所不问。在以前,如果原告对某一个广告整体进行攻击,并提供了多个方面的理由,这种选择性诉的合并让法官自己去选择从那个方面入手作出针对整个广告的禁令,法官们认为这是对他们的尊重。这还是原告处分自由(《民事诉讼法》第 308 条)与法官知法原则(jura novit curia)的一种结合。作出的判决也不会对被告有什么不利。因为裁判理由已经指明了禁令的范围,被告只要对被起诉的广告在某方面稍作更改,就可以让法院所选择的角度失去基础。而现在,“武器平等”的理由显得更为重要。如果原告对于法院选择何种角度来对其单一的请求作出裁判,他在类似的情形中可以通过堆积诉讼

⑤ Otto Teplitzky. Wie weit führt der “erste Schritt”? WRP 2012,261-265.

⑥ Versäumnisurt. v. 26. 10. 2000-Ⅰ ZR 180/98-GRUR 2001,453.

标的降低诉讼风险，考虑到法官知法的原则，在有的诉讼中还可以只提出非常简单的事实陈述（如只提供被攻击的商业广告）。而被告却必须在事实背景和法律评价做全方位的准备，好像原告对任何一个诉讼理由都要追求一个独立的裁判一样。如果这样来看，强制原告在起诉时就说明其不同诉讼标的的顺序，以便被告和法院根据其重要性进行相应的准备，这更加符合当事人的利益。

原告不能再习惯于相信选择性诉的合并合法，并把对不同诉讼理由的顺序交给法院去自由决定，不管是在哪个阶段，现在都得自己确定或者说明诉讼理由的顺序。此外需要考虑的是，诉的变更是否也会成为一种累积性诉的合并，它是否合法，有无意义。在实践中，原告递交起诉状之后，法院经常会通知原告完善起诉书，原告通常也会照办。但这很少涉及诉讼请求。如果应法院相应的提示对诉讼请求进行修改，这可能会由一个狭窄的诉讼标的概念滑向另一个诉讼标的，并由此将新的诉讼标的引入程序。

第六章　诉讼告知

第一节　裁定原文

《联邦最高法院民事裁判集》第 188 卷，第 193 页以下（BGHZ 188，193-200）

一、要旨

1. 诉讼告知的合法性原则上不在作出告知的首次诉讼中审查，而在诉讼告知人和告知受领人之间的后续程序中才进行审查（持续性判例，参见 BGHZ 100，257，259；160，259，263）。

2. 即使告知是向已经聘任或者预计聘任的对方诉讼代理人作出，亦同。《民事诉讼法》第 72 条第 2 款第 2 句不适用这种情形。

3. 对方的诉讼代理人可以是《民事诉讼法》第 72 条第 1 款意义上的“第三人”。

《民事诉讼法》第 72 条

第六民事审判庭 2011 年 2 月 8 日裁定

原告：E. H.

被告：Prof. Dr. J. M.

Ⅵ ZB 31/09

第一审法院：慕尼黑第二州法院
第二审法院：慕尼黑州高等法院

二、事实

原告要求查询被告的医生治疗原始资料。其背景是，1997 年以来当事人之间的一宗损害赔偿诉讼仍处于未决状态。被告的诉讼代理人应法院要求，于 1998 年 3 月 3 日以书状的形式提交了治疗资料供法院存档，并称其是原始资料。在 2008 年 7 月 31 日的书状中他却称，“原始档案”在原告诉被告的一宗刑事诉讼中已被没收。然而，没收是在 1999 年 8 月 23 日才发生的，这与被告的诉讼代理人 1998 年的陈述相矛盾。

在本案的法律争议中，原告以起诉的形式向在损害赔偿诉讼中代理被告的律师 U. G. 告知了诉讼，理由是，由于该律师参与了诉讼欺诈或者违反了律师执业义务，致使原告在要求赔偿所承担法院鉴定费用的损害赔偿诉讼中败诉，因而可以起诉。告知受领人所属的律师协会也在本案的法律争议中举报了被告的代理人。

州法院拒绝为原告送达诉讼告知书状，对此提起的即时抗告也被州高等法院驳回。在抗告法院许可其提起的法律抗告中，原告请求送达诉讼告知书状。该上诉取得了成功。

三、理由

根据《民事诉讼法》第 574 条第 1 款第 1 句第 2 项、第 3 款，原告的法律抗告是合法的、正当的。

Ⅰ. 抗告法院的裁判在《联邦律师协会公报》2009 年第 234 页上进行了公布。抗告法院认为，向对方的诉讼代理人作出诉讼告知是不合法的，因此不能向他送达诉讼告知书状。诉讼告知合法性的审查不在主诉而在后续诉讼中进行，这一原则并非毫无限制。从《民事诉讼法》第 72 条第 2 款第 2 句可以推导出以下原则，即如果诉讼告知不是向第三人而是向参与诉讼的原告或被告代理人作出，就不能进行送达，送达诉讼告知可能损害其在法律争议中法律或者其承担任务所赋予的功能。在这种情况下,《民事诉讼法》第72条第2款第2句至少应当类推适用。作为当事人的代理人,对方诉讼代理人不是《民事诉讼法》第72条第1款意义上的"第三人",而是"第二人"。诉讼告知所带来的参加效力让其陷入一种利益冲突,这与他维护当事人利益的任务是不相符的。原告也不能通过这种途径影响对方当事人选择律师,以及影响对方当事人的律师履行义务。

Ⅱ.经过法律审查,本庭认为以上理由站不住脚。

a)抗告法院最初的出发点是对的,即原则上诉讼告知的合法性不应在作出告知的首次诉讼中审查,而应在诉讼告知人和告知受领人之间的后续程序中才审查(持续性判例:联邦最高法院1975年10月9日的判决Ⅶ ZR 130/73,BGHZ 65,127,130 f.;1977年12月22日的判决Ⅶ ZR 94/76,BGHZ 70,187,189;1987年3月26日的判决Ⅶ ZR 122/86,BGHZ 100,257,259;2004年9月28日的判决Ⅸ ZR 155/03,BGHZ 160,259,263;1981年10月8日的判决Ⅶ ZR 341/80,NJW 1982,281,282;1984年11月15日的判决Ⅲ ZR 97/83,VersR 1985,568,569;BT-Drucks. 16/3038,S. 36 unten)。

b)抗告法院也正确地认定,该原则在《民事诉讼法》第72条第2款第1句中存在例外。根据这条规定,法院和由法院任命的鉴定人不是第1款意义上的第三人。《民事诉讼法》第72条第2款第2句明确规定不得向这些人送达诉讼告知书状。

c)但是,与抗告法院的观点相反,本庭认为不能从《民事诉讼法》第72条第2款中推导出以下原则,即如果诉讼告知是向对方已经聘任或者——例如本案——预计聘任的诉讼代理人作出的,就应当送达诉讼告知书状。对法律规范的这种理解既不符合法律的字面意思也不能在立法理由中找到必要的依据。

aa)法律规定的字面意思已经表明,《民事诉讼法》第72条第2款仅仅涉及对法院和法院所任命的鉴定人所作的诉讼告知。

bb)立法理由书中也没有迹象表明,立法机关想在一开始就把除明确规定的人员——以及当事人,他们作为程序的第一人或者第二人不能同时成为第三人——以外的其他人排除在诉讼告知的对象之外。《民事诉讼法》第 72 条第 2 款是由 2006 年 12 月 22 日《第二次司法现代化法》(BGBl. I S. 3416)第 10 条第 2 项 a 所添加的,它的目的在于让法律规定与司法中的实际做法保持更多的一致性。在司法实践中,根据 2002 年新引入《民法典》第 839a 条的责任要件,法院所聘请的鉴定人也曾被作出诉讼告知(参见 BT-Drucks. 16/3038,S. 36)。司法判例和学术界的大多数观点认为,向法院聘请的鉴定人和法院作出诉讼告知一般都是不合法的。与在可能发生的后续诉讼中才审查诉讼告知合法性的原则不同,这种情况在首次诉讼中就应当加以考虑(参见 BT-Drucks. 16/3038,S. 36 ff.)。因为,无论是法官还是法院所聘请的鉴定人都不能作为《民事诉讼法》第 1 款意义上的第三人对待。他们是程序的必要组成部分,是受命令约束的法院辅助人,有义务保持中立。参与诉讼对他们而言不是一条可行的道路。鉴定人会因为诉讼参与而违反其中立义务,并可能涉嫌卷入案件而被申请回避。即使法官加入,他也会根据《民事诉讼法》第 41 条第 1 项依法回避。除了法官和法院聘请的鉴定人之外,其他所有的诉讼参与人(当事人除外)原则上都可能是《民事诉讼法》第 72 条第 1 款意义上的第三人(参见 BT-Drucks. 16/3038,S. 36 ff.)。

d)与抗告法院的观点不同,本庭认为《民事诉讼法》第 72 条第 2 款第 2 句在前述情形中也不应类推适用。是否存在类推所要求的违反计划的规定漏洞,在此暂且不论。因为,无论如何都不存在类似的利益状况。

aa)与法院聘请的鉴定人不同,律师没有中立义务,也不是法院聘请的“法官辅助人”,而是所有法律事件的独立咨询人和代理人(《联邦律师条例》第 3 条第 1 款),仅对其委托人的利益负有义务(参见联邦最高法院 2007 年 11 月 8 日的判决Ⅸ ZR 5/06,BGHZ 1974,186 Rn. 12;BVerfG NJW 2003,2520,2521)。法官或者法院所聘请的鉴定人参加诉讼与其负有的中立义务相抵触,根据《民事诉讼法》第 41 条及第 406 条应依法回避或者可能会被申请回避,而诉讼代理人在其代理的当事人一方加入诉讼无论如何是可行的。与法官和法院所聘请的鉴定人参加诉讼的情形不同,诉讼代理人加入诉讼后,不会违背诉讼法所规定的任务分配,其程序法上的地位不会有根本性的改变(关于鉴定人加入诉讼参见联邦最高法院2006年7月27日的裁定Ⅵ ZB 16/06,见前注)。

与此相应,本庭认为无论向自己的诉讼代理人还是向对方的诉讼代理人进行诉讼告知都是合法的(参见本庭1982年7月13日的判决Ⅵ ZR 300/79,VersR 1982,975,976;ebenso:Stein/Jonas/Bork,ZPO 22. Aufl. § 66 Rn. 8;Wiecorek/Schütze/Mansel,ZPO 3. Aufl. § 72 Rn. 29 i. V. m. § 66 Rn. 23 f.;ebenso wohl auch:Schellhammer,Zivilprozess:Gesetze-Praxis-Fälle 12. Aufl. Rn. 1626;Thomas/Putzo/Hüßtege,ZPO 31 Aufl. § 72 Rn. 3 i. V. m. § 66 Rn. 3;对于向自己的诉讼代理人进行诉讼告知,下述学者持不同观点:Prütting/Gehrlein/Gehrlein,ZPO 2. Aufl. § 66 Rn. 4;HK-ZPO/Bendtsen,3. Aufl. § 66 Rn. 4;Musielak/Weth,ZPO 28. Aufl. § 72 Rn. 1 i. V. m. § 66 Rn. 4;Zöller/Vollkommer,ZPO 28. Aufl. § 72 Rn. 1)。即使帝国法院也没有原则上否定向诉讼代理人进行诉讼告知的合法性。它只是在1942年3月25日的判决中将原告诉讼代理人的辅助参加作为不合法而驳回,而这个判决的理由不是因为辅助参加人的程序地位,而仅仅是因为参加诉讼缺乏必要的法律利益(参见RGZ 169,50,51)。

bb)与抗告法院的观点不同,对诉讼代理人送达诉讼告知,也不会妨碍其履行法律所赋予的任务。尤其是,诉讼告知不会引发诉讼代理人与其代理的当事人之间迄今并不存在的利益冲突,不会导致作为代理人的律师依据《联邦律师条例》第43a条第4款、第3条第4款抛弃或者完全不接受其委托人(关于《联邦律师条例》第43a条第4款参见联邦最高法院2009年4月23日的判决Ⅸ ZR 167/07,VersR 2010,667 Rn. 32;2009年5月14日的判决Ⅸ ZR 60/08,VersR 2010,670 Rn. 7;BT-Drucks. 12/4993,S. 27;BVerfG NJW 2003,2520,2521;BVerfG ZEV 2006,413,414;慕尼黑律师法院1995年3月6日的判决3 AG 27/95,

BRAK-Mitteilungen 1995,172;Feuerich/Weyland/Vossebürger,BRAO 7. Aufl. § 43a Rn. 54;Hartung in Hartung/Römermann,Berufs-und Fachanwaltsordnung 4. Aufl. § 3 BORA Rn. 49 ff.)。与抗告答辩状所正确论述的一样,是否存在上述规定中的利益冲突,应以实体法律状况为基础来判断[参见联邦最高法院 2007 年 11 月 26 日的判决-AnwSt(R)10/06,NJW-RR 2008,795 m. w. N.;Hartung in Hartung/Römermann,见前注第 52 页]。如果诉讼代理人和他所代理的当事人不追求完全相反的利益,则仅仅送达诉讼告知书状就不会引发利益冲突。反之,如果在具体情形中,在同一法律案件上存在利益冲突,则可否适用《联邦律师条例》第 43a 条第 4 款,并不取决于是否已向律师作出了诉讼告知。在这种情形中,不向律师送达诉讼告知书状,而向他送达庭外支付催告或者另一程序中的诉状,该律师也必须考虑是否终止其委托,因为他代理了《联邦律师条例》第 43a 条第 4 款、第 3 条第 4 款意义上的相互矛盾的利益(参见联邦最高法院 2009 年 4 月 23 日的判决Ⅸ ZR 167/07,见前注;慕尼黑律师法院 1995 年 3 月 6 日的判决 3 AG 27/95,见前注)。

第二节　评　　析

本案的焦点是诉讼代理人是否可以通过诉讼告知作为第三人参加诉讼。州法院和州高等法院都认为不能,因为诉讼代理人是代表当事人利益的,是“第二人”,不是“第三人”,联邦最高法院则认为,无论向己方诉讼代理人还是向对方诉讼代理人进行诉讼告知都是合法的。为了弄清楚这一问题,有必要先对诉讼告知这一法律制度进行简单介绍。

一、诉讼告知制度[①]

1. 概念。诉讼告知(litis denuntiatio)是由当事人将处于未决状态

---

① 此部分内容主要参考了[德]罗森贝克、施瓦布、戈特瓦尔德:《德国民事诉讼法》,李大雪译,中国法制出版社 2007 年版,第 334~341 页。

的诉讼正式通知第三人。该当事人为诉讼告知人,第三人可以被称为(诉讼)告知受领人、(诉讼)告知对方或者被告知人。诉讼告知旨在使第三人有机会辅助参加或者在某些情形中承担诉讼,以此避免对同一事实构成作出不同的判断。即使告知受领人没有参加,诉讼告知也具有其民法上的效力,并引起主诉判决的参加效力。

2. 前提条件。根据德国《民事诉讼法》第 72 条,进行诉讼告知需要满足一定的前提条件。第一,主诉处于未决状态。必须有裁判程序在德国法院系属,并且该程序还没有通过生效裁判终结。诉讼告知不仅在普通诉讼中被允许,而且在任何程序中都可以,只要存在这种需要。因而它在独立证明程序和仲裁程序中也是被允许的;但在仲裁程序中,只有受领人受仲裁协议拘束时诉讼告知才具有法律效力。第二,诉讼告知可以向当事人以外的任何第三人进行,因而不能向对方告知,但可以向告知人自己的共同诉讼人作出。法院和法院的鉴定人不能在损害赔偿请求权方面被视为第三人,否则就可能危及法官和鉴定人在事务上的独立性。第三,诉讼告知必须有理由。也就是说,诉讼告知人必须主张,并且在诉讼告知之时合理地确信,在出现不利的诉讼结果时可以向告知受领人提起担保请求权或者赔偿请求权,或者担心告知受领人对自己提起这种请求权。

3. 程序和形式。诉讼告知由希望提起请求权或者担心被人提起请求权的当事人作出,再由法院依职权送达告知对方,并以副本通知对方当事人(第 73 条第 2 句)。诉讼通过递交书状(无条件地)告知,在合议庭前也不需要由律师强制代理,因为告知受领人没有参加诉讼,或者在初级法院通过向书记官表示并做成笔录。该表示必须说明诉讼告知的理由和法律争议的状况(第 73 条第 1 句),例如在一审中已经对诉讼告知人作出了判决以及判决何时送达。该表示应依职权送达告知对方,并以副本通知对方当事人(第 73 条第 2 句)。诉讼告知人可以将诉讼告知的范围限制于某些请求权、承揽给付或者瑕疵。诉讼告知在送达告知对方时生效(第 73 条第 3 句);不通知对方当事人没有影响。违反诉讼告知的这种形式可以根据第 295 条补正。

4. 效力。诉讼告知合法并且遵守了形式要求的，则部分具有实体法效力，在本案中具有诉讼效力。前提条件是前诉的结果对诉讼告知人不利。

在极少的例外情形中，该效力在诉讼结果有利时也发生。但总有一个前提条件是，对诉讼告知人有利的判决包含了对告知受领人不利的确认。

（1）实体法后果

在诉讼结果不利的情形中，诉讼告知停止可能存在的追索请求权或者选择性请求权的消灭时效，即使只是在关于数额的程序中进行告知。诉讼告知使整个请求权的消灭时效都停止，即使在进行诉讼告知的诉讼中仅仅伸张了部分请求权。即使诉讼告知不合法，它也具有这一效力。但该停止效力在当事人的最后一次诉讼行为之后结束，如果主程序没有被推进，则在法院的最后一次诉讼行为之后一年届满时结束。在这种情况下，消灭时效最早在停止结束后六个月发生（《民法典》第 204 条第 2 款）。对责任保险的被保险人进行的诉讼告知也视为《保险合同法》第 12 条第 1 款规定的起诉。

（2）诉讼后果

告知受领人在德国《民事诉讼法》第 66 条的前提条件下和以第 70 条规定的形式作为辅助参加人参加诉讼告知人的，则发生（通常）辅助参加的所有后果，在第 69 条的情形中还发生共同诉讼式辅助参加的后果（第 74 条第 1 款），尤其是每次都会发生第 68 条的参加效力。只是对于诉讼实施有缺陷的抗辩，不是以参加的时间决定，而是以因诉讼告知而可能参加的时间决定（第 74 条第 3 款），关键的问题是，他在这一时刻还能在多大程度上影响前诉的进行。驳回辅助参加（第 71 条）只能根据主诉中对方当事人的申请，而不能根据诉讼告知人的申请，然而，诉讼告知通常都会给出充分的参加理由。告知受领人的辅助参加被确定地驳回的，则诉讼告知不具有第 68 条的后果。

辅助参加没有受到指责或者被许可的，则在主当事人与告知受领人的后诉中不能再对诉讼告知的前提条件进行复查；辅助参加本身可以引起主诉判决的参加效力。但是,应当给予告知受领人反驳辅助参加理由的机会,参加的机会并且在后续程序中重新反驳辅助参加理由的机会。告知受领人的参加不阻止诉讼告知人向告知受领人提起(第三人)反诉。

告知受领人没有参加诉讼告知人的,则主诉不顾告知受领人而继续进行(第74条第2款);他无权要求参加诉讼辩论,传唤不涉及他,并且书状也不向他送达或者通知。但尽管如此,判决在这种情形中,甚至在告知受领人参加诉讼告知人对方的情形中,也对他和诉讼告知人之间的未来诉讼发生参加效力(第74条第3款结合第68条),只是在这里,诉讼实施有缺陷的抗辩才是以因诉讼告知而能够参加的时间为准。只有在这一诉讼中(而不是在主诉中)才审查诉讼告知的合法性以及是否遵守了诉讼告知的形式。诉讼告知的瑕疵应当在后续诉讼的第一次言词辩论中责问,否则它就得以补正(第295条)。潜在的诉讼告知人可以与潜在的告知受领人约定,告知受领人作为仿佛已经向他告知了诉讼一样地对待。

在第75条至第77条的情形中,诉讼告知可能导致当事人更换;当事人没有更换的,诉讼告知则只具有第74条的后果。

(3)取消诉讼

诉讼被取消后,诉讼告知的实体法上和诉讼上的效力都消失。诉讼作为不合法被驳回时亦同。

二、本案的突破

在本案中,正是由于州法院认为该诉讼告知不合法,因此拒绝进行送达,州高等法院也驳回了原告的即时抗告。联邦最高法院撤销了这个裁判,指示州法院向被告的诉讼代理人送达诉讼告知书。

根据《民事诉讼法》第72条第2款第1句,法院和被法院聘任的鉴定人不能是第72条意义上的第三人。州法院和州高等法院都违背了这条规定的字面意思,将其延伸至诉讼代理人。联邦最高法院明确反对这种观点。根据持续性判例,诉讼告知的合法性不在首次诉讼而在诉讼告知人与被告知人之间的后续诉讼中进行审查。[②] 由此可知，法院应当送达诉讼告知书，除非它涉及法院或者由法院聘任的鉴定人。但州法院和州高等法院的做法与此相反，将《民事诉讼法》第 72 条第 2 款扩展至对方的诉讼代理人。然而，无论是语义解释还是历史解释都不能对此提供任何依据。法律文句清楚明了，诉讼代理人并没有在法律中提及。《民事诉讼法》第 72 条第 2 款是 2006 年才引入的，修改后司法实践应当遵守相关规定，即法官和鉴定人是被诉讼告知排除在程序之外的。法官和鉴定人不是第三人，而是程序的一部分。在立法过程中也没有提及诉讼代理人。

不能将《民事诉讼法》第 72 条第 2 款第 2 句类推适用于诉讼代理人，还有一个原因是它们缺乏类似的利益状况。[③] 法官与鉴定人不参加诉讼，是因为这有违他们的中立性，结果可能是要依法回避或者申请回避。而诉讼代理人却没有中立的义务，而仅有维护其委托人利益的义务。他的程序地位不会因为加入诉讼而发生根本性的变化。与此相应，联邦最高法院在较早前就已确定，向自己的代理人进行诉讼告知是合法的。州法院拒绝送达诉讼告知的另一个重要的理由可能是，诉讼告知可能产生利益冲突，最终使诉讼代理人抛弃其委托人。但这种利益矛盾产生与否，仅仅是取决于事实上存在的实体法律状况。[④] 律师是否会丢下委托人不管，这个问题不是取决于诉讼告知，而是仅仅取决于实体法律状况的，而这种法律状况是诉讼告知不能改变的。最后，诉讼告知人不会通过诉讼告知对对方诉讼代理人的选择产生任何影响，因而没有理由不送达诉讼告知。

根据联邦最高法院在本案中的解释，向对方（也包含己方的）诉讼代理人可以进行诉讼告知。《民事诉讼法》第 72 条第 2 款的新规定也没有什么新变化。不能将这条规定类推适用于诉讼代理人。如果律师

---

② Schultes, in: MünchKomm-ZPO, 3. Aufl. [2008], § 72 Rdnr. 17 m. w. Nachw.

③ Frank O. Fischer, Zur Zulässigkeit der Streitverkündung an den Prozessbevollmächtigten. LMK 2011, 315512.

④ BGH, NJW-RR 2008, 795.

没有以委托人的名义对自己告知诉讼,并让判决的效力也及于自己,当事人是否可以对自己的诉讼代理人主张损害赔偿,这种极端的例子也许在今后的实践中才能看到。

第七章　“秘密”的DNA分析

第一节　判决原文

《联邦最高法院民事裁判集》第162卷,第1页以下(BGHZ 162,1-9)

一、要旨

关于秘密调取的DNA分析在父亲身份撤销程序中的使用问题。

《民事诉讼法》第640条第2款第2项;
《民法典》第1600条第1项,第1600b条第1款第2句;
《基本法》第2条第1款,第1条第1款

第十二民事审判庭2005年1月12日
在某家庭案件中的判决
Ⅻ ZR 227/03

第一审法院:希尔德海姆初级法院
第二审法院:策勒州高等法院

二、事实

原告通过重新提起撤销之诉,请求确认自己不是1994年10月3日出生之被告的父亲。

在S城1994年10月20日颁发的证书(UR-Nr...)中,原告承认自己是父亲,S城青少年局作为被告的法定代理人同意了这个认诺。

在2001年提起的撤销父亲身份之诉中,原告提供了关于自己生育能力不足的鉴定意见,该起诉被驳回。原告对此提起的控诉也被策勒州高等法院在2002年8月9日以生效判决(15 UF 42/02)驳回。

在这次重新提起的撤销之诉中,原告使用了DNA分析结果为依据。该分析是他在2002年10月21日委托他人作出的,未经具有单独抚养权的被告母亲知晓和同意。根据这份2002年11月1日作出的私人鉴定意见,百分之百地排除了父亲样本的分析与第二份样本分析的相同性。

关于鉴定原告称:检查的基础一份是自己的唾液,另一份是被告所嚼过的口香糖。被告的法定代理人反对使用这份鉴定意见。

初级法院驳回了原告的撤销之诉,控诉法院也驳回了对此提起的控诉(该裁判发表在《家庭法杂志》2004年第481页及以下)。上告未获成功。

三、理由

Ⅰ. 前两审法院认为重新提起撤销之诉是容许的,因为它与2002年8月9日判决的既判力并不矛盾。该判决的既判力仅仅涉及原告2001年关于生育能力不足的检查不适合用来说明提起撤销之诉所要求的最初怀疑,而原告现在声称可排除其父亲身份的庭外DNA分析是不同的、新的案件事实。

这一点在法律上没有理由指摘(参见本庭1998年4月22日的判决Ⅻ ZR 229/96-FamRZ 1998,955,956 a. E.;2002年10月30日的判决Ⅻ ZR 345/00-FamRZ 2003,155,156),上告也认为对其有利,没有对其进行攻击。

Ⅱ.

1. 与初级法院一样,控诉法院否定了撤销之诉具有说服力,因为庭外调取的DNA分析不适合用来说明此处必需的孩子不是他所生的最初怀疑。姑且不论该鉴定没有确认所检查的基因材料来自何人,仅从撤销程序的诉讼理由来看,该检查的结果也不能使用,因为,来自被告的检查材料未经他本人同意或者其法定代理人同意,是违法取得的。对他人基因材料进行秘密分析,侵犯了他以信息自决权(《基本法》第 2 条第 1 款)形式所体现的一般人格权。虽然它与原告知晓自己父亲身份是否存在的权利相对,但在权衡这两个相互对立的基本权利地位之后不能得出,被告的信息自决基本权利应当退居次要地位。

2. 这一点经得起上告的攻击。

根据本庭的判例(本庭 1998 年 4 月 22 日和 2002 年 10 月 30 日的判决,见前注),原告单纯陈述,他不是孩子的父亲,法庭的鉴定结论将排除其父亲身份,这还不足以用来提起父亲身份撤销之诉。原告还必须陈述相关情形,这些情形须在客观的第三人看来适合于唤起孩子不是出自原告的怀疑,并且显示孩子并非完全没有可能是另一男子的直系晚辈血亲。

原告没有提供相关情形。在具体情况下,对于合理说明最初怀疑的情形还会有哪些要求,对此法院无需再进行裁判。

a)与上告的观点相反,被告的母亲和法定代理人拒绝批准嗣后调取 DNA 分析并且拒绝使用该检查结果,这一点本身并不会成为可以提起撤销之诉的最初怀疑。它也不构成一种证明妨碍。尤其是本庭不同意穆奇勒尔(Mutschler,FamRZ 2003,74,76 a. E.)的下述观点:母亲或孩子拒绝协助(法定)父亲进行 DNA 鉴定,在某些具体情形中可能构成充分的、不具备父亲身份的最初怀疑。因为这种行为是——消极信息自决权的结果。如果拒绝协助可能启动撤销父亲身份之诉的庭外鉴定,其结果将是,即使这有违当事人的意志并且此前已经拒绝了自愿泄露,最后还是必须在法庭证据调查时泄露受基本权利保护之信息,这样一来信息自决权就会只是空谈。

因此,被告的法定代理人在本案中拒绝嗣后同意使用违法取得的信息,这不能被视为可以启动撤销之诉的一种情形。因为,如果法律规定了仅在某些前提条件下可以容忍以确认血统为目的的检查,被告法定代理人的拒绝行为也不能用来肯定这些前提条件成立。

b)提供秘密调取的DNA鉴定也不适合用来阐明这些情形。

aa)上告提出,控诉法院犯有程序错误,它没有及时调取证人证言,证明提交给鉴定人的唾液样本之一是被告吐出的口香糖。这种责问无关紧要。

被告还提出,控诉法院的裁判没有以第一次在控诉裁判中提到的补充观点为依据,即也不能证明第二个唾液样本来自原告,该法院此前没有根据《民事诉讼法》第139条第2款指明这种角度。这个责问同样无关紧要。

因此,即使认定鉴定人对双方当事人的基因材料进行了检查,根据控诉法院合理分析的理由,这种鉴定意见不仅不能作为证据手段,也不能作为当事人陈述在父亲身份撤销之诉中使用,因而是无关紧要的。

bb)上告主张,控诉法院以侵犯了被告的信息自决权为出发点,这是不恰当的,因为被告对于确认其血统也有值得保护的利益,这种利益与原告的理由是重合的。该主张未获成功。诚然,被告知晓其血统的权利也是同样受《基本法》保护的,但对于是否愿意行使这项权利并主张相应的利益,这由被告本人或者其法定代理人自己决定。他不去质疑自己作为原告子女的法定地位,这个利益也是值得保护的。因为,孩子知晓自己基因血统的权利也包含了不知的权利(参见Bohnert FPR 2002,383,389)。

上告主张,被告法定代理人的拒绝行为不是为了被告的利益,而只是为了极为自私的自我利益。这已是一种新的事实陈述,上告法院不予审理。

3.控诉法院的下述考量也经得起上告法院的审查:本案中被告的信息自决权不必让位于原告对于确认自己不是父亲的利益。

a)DNA甄别模型的每次检查和使用都会牵涉受《基本法》第2条第1款连同第1条第1款保护的人格权,本案涉及的形式是信息自决权。该权利只能因重大的公共利益并在考虑合理性原则的情况下,通过法律或者依据法律进行限制,该限制不能超出保护公共利益的必要限度(参见BVerfG NJW 2001,2320,2321)。该基本权利具有何种地位,可以从下述例子中看出来:《刑事诉讼法》第 81g 条连同《DNA 身份确认法》(DNA-IFG vom 7. September 1998 BGBl. I 2646)第 2 条规定了对该权利的限制,只有当有理由认为今后还将对某判处的罪犯因重大刑事犯罪实施刑事程序时,才允许确认和保存其 DNA 甄别模型。

对某人基因组的调查原则上须征得他的同意。保护每个人的这项基本权利,也是 1997 年 11 月 11 日的《关于人类基因组和人权的一般宣言》(UNESCO Universal Declaration on the Human Genome and Human Rights)第 5 条、《欧盟宪法》(Amtsblatt C 310/43 vom 16. Dezember 2004)第Ⅱ-68 条、《欧洲人权公约》第 8 条和 1989 年 11 月 20 日的《联合国儿童权利公约》(BGBl 1992 Ⅱ 121)第 8 条第 1 款和第 16 条的目的。

b)在庭审程序中使用证据或者知识也应当遵守上述规定,无论是刑事诉讼还是民事诉讼。因为,依宪法要求,法官应当审查适用民法的相关规定在具体情形中是否会触犯基本权利(参见 BVerfG NJW 1991, 2411 ff. m. w. Nachw)。如果会,他就必须按照基本权利来对这些规定进行解释和适用,而不能将其视为与实践无关(参见 Huber FamRZ 2004,825,826)或者只是宪法的过分要求(参见 Spickhoff FamRZ 2003,1581 f)而不去审查。

因而,通过秘密偷听电话而违法获得的知识只允许非常例外地在法院程序种适用,例如举证人处于一种类似于正当防卫的情境、遭到勒索威胁或者其职业生存受到犯罪攻击不能以其他方式取证。与此相反,仅仅是为了民事请求权而需要获得某项证据手段,还不足以成为例外情形(参见 BVerfG NJW 2002,3619,3624;联邦最高法院 2003 年 2 月 18 日的判决Ⅺ ZR 165/02-NJW 2003,1727,1728)。

据此,在当事人不知情的情况下进行了 DNA 分析也不适合在劳动法院程序中用来说明解聘的理由,而应当被禁止使用(参见 VGH Baden-Württemberg NJW 2001,1082;EuGH NJW 1994,3005 ff.:如果裁判是以招聘体检中未经同意而进行的淋巴细胞检查为依据做出的,应当撤销)。

c)其结果是,秘密进行的 DNA 分析是违法的(参见 Palandt/

Diederichsen, BGG 64. Aufl. Einf. vor § 1591 Rdn. 11),不能在父亲身份撤销程序中违背孩子或者其法定代理人的意思使用(参见 Bohnert FPR 2002, 383, 389; Musielak-Foerste, ZPO 4. Aufl. § 186 Rnd. 7)。更确切地说,也不能用来合乎逻辑地说明《民法典》第 1600b 条意义上的对父亲身份的怀疑(参见 Zöller/Greger, ZPO 25. Aufl. § 286 Rnd. 15 b a. E. ; im Ergebnis ebenso OLG Köln FamRZ 2004, 1987 a. E),因为这会意味着对孩子人格权和信息自决权的再次侵犯(参见 Rittner/Rittner NJW 2002, 1745, 1751)。

d)这种观点也明显符合联邦政府的考虑,即在将来的基因诊断法(《关于对人进行基因检查的法律》)框架内完全禁止秘密进行的亲子鉴定(证据参见 Staudinger/Rauscher, BGB[2004]Einl. zu § § 1589 ff. Rdn. 113 a. E)。

除联邦德国之外,其他国家也有这类立法,下面仅举几例,未必完整:

比利时已通过多个立法倡议,允许父亲和/或母亲提议进行私人的 DNA 分析,然而,这种方式仅能在孩子一周岁之内采用,如果是孩子提议,可在其成年以后四年之内进行(参见 z. B. Art. 5, 6 und 16 der Proposition de loi visant à réglementer l' usage des analyses génétiques à des fins d' identification en matière de filiation, Chambre des Représentants de Belgique Dokument Nr. 51 0066/001)。

在法国,未经当事人同意,不得进行庭外的 DNA 分析(参见 Art. 16-11 Code Civil, Art. 145 - 15 und Art. 145 - 20 des Code de la Santé publique, eingefügt durch Gesetz Nr. 94 - 654 vom 29. Juli 1994 - Loi relative au don et à l' utilisation des éléments et produits du corps humain, à l' assistance médicale, à la procréation et au diagnostic prénatal, i. V. m. Art. 226-28 Code Pénal)。

在英国,未经当事人同意的 DNA 分析是禁止的(参见 section 45 Human Tissue Act 2004)。

在加拿大(魁北克省),DNA 分析原则上需要当事人同意,否则不允许在法庭使用(参见 Obadia, L' incidence des tests d' ADN sur le droit québécois de la filiation, McGill Law Journal 2000, 483, 502, 507)。

在瑞士,禁止未经当事人同意进行庭外的 DNA 分析(参见 Art. 5, 6, 32, 34 und 36 des Bundesgesetzes über genetische Untersuchungen bei Menschen-GUMG-vom 8. Oktober 2004 Bundesblatt 2004, 5483; Ablauf der Referendumsfrist: 27. Januar 2005)。

e) 与子女的信息自决权相对的,是同样由一般人格权派生出来的,父亲或者虚假父亲获悉自己父亲身份的权利(参见 BVerfG FamRZ 2003, 816, 820 unter C I 3 c; 也参见本庭 1999 年 1 月 20 日的判决Ⅶ ZR 117/97-FamRZ 1999, 716),两者并不矛盾。后者并不被看作价值更高的权利(参见 Rittner/Rittner aaO 1749; 有所保留的是 Erman/Holzhauer, BGB 11. Aufl. § 1600b Rnd. 8; 反对的观点是 Reichelt/Schmidt/Schmidtke FamRZ 1995, 777, 779 unter B I b; Staudinger/Rauscher aaO Einl. zu § § 1589 ff. Rdn. 116)。这一点从下述例子中就可以看出:在父亲身份撤销程序以及类似程序中,后者的主张受到《民法典》第 1600b 条所规定法定期间的极大限制,而从孩子信息自决权所推导出来、反对调取或使用基因数据的权利则没有任何时间限制。而且,立法机关在 1997 年的子女法律改革中反对在任何情形中都要去澄清子女的血统,取而代之的做法是,如果孩子在母亲的婚姻期间出生,且已经在一个家庭集体中长大,则为了孩子的利益应当容忍不去弄清生物学上的父亲身份(参见 Rittner/Rittner,见前注第 1749 页)。

况且,即使知晓自己父亲身份或者非父亲身份的权利可以与知晓自己血统的权利相提并论,它也不会产生出要求获取这种知晓的权利(参见本庭判决 BGHZ 156, 153, 164 f. m. N)。

父亲或者虚假父亲弄清自己父亲身份的利益并不会被视为更高级的利益,即使它是为了防御自己作为法定父亲遭到侵犯的民法请求权。

第二节 评　析

本案反映的主要问题是秘密获取的 DNA 分析是否可以作为证据

使用,这里不仅涉及证据的性质问题,还涉及如何平衡子女的信息自决权和父亲获知自己身份的权利。

一、总体情况

DNA 分析技术诞生后,很快就被用于亲子关系认定的案件中。不管是联邦宪法法院,[①]还是联邦最高法院,都从保护孩子的利益出发,为了让孩子获得稳定的家庭供养关系,基本拒绝了不法获取的 DNA 分析的使用,学术界也大多支持这种做法,只有慕尼黑第一州法院赞同使用不法获取的 DNA 鉴定。[②] 联邦宪法法院在 1997 年对子女知晓自己血统的权利与母亲信息自决权和隐私保护权的关系作了较为详细的讨论,联邦宪法法院认为,判令抗告人指出与母亲在法定受孕期发生性关系的男子侵犯了母亲的隐私权。[③] 对于这种相互冲突的基本权利如何进行保护,国家机关应当加以考量。德国司法部最初也考虑一律禁止秘密进行的 DNA 分析,这得到了德国家庭法院协会的支持。根据联邦司法部的建议,秘密进行的 DNA 分析不仅应当禁止,而且违反禁令时还要被处以一年以下的徒刑。如果实验室违法进行这种分析,也应被追究刑事责任。[④] 本案中,联邦最高法院对 DNA 分析的性质和如何使用进行了详细的探讨:

1. DNA 分析是一种什么证据

DNA 分析一般只能视为当事人陈述,即它不是可以依法院命令作出的专家鉴定意见,而是由当事人提交的、所谓的私人鉴定意见。[⑤] 这种鉴定意见不是专家鉴定意见,而只是当事人以文书形式提出的实质性陈述。它只能证明鉴定人以这种方式表达了意见,而不能证明鉴定内容的正确性。该鉴定意见不是单独作为证据使用,而只是用来加强当事人陈述的说服力。

---

① BVerfG, NJW 1996, 771.

② LG München I, FamRZ 2003, 1580.

③ BVerfG, NJW 1997, 1769.

④ Frederique Ferrand. Heimlich eingeholter DNA-Vaterschaftstest als Beweismittel zur Rechtslage in Deutschland und in Frankreich. ZEuP 2006, 446.

⑤ Thoams/Putzo/Reichold, ZPO, vor § 402 Rz. 5.

2. 子女的信息自决权与父亲获悉自己身份的权利如何平衡

未经当事人同意秘密进行的 DNA 测试侵犯了孩子的信息自决权，该权利优先于男子知晓自己父亲身份的权利，后者至少不会比前者具有更高的价值。联邦最高法院拒绝使用 DNA 分析结果，并将它与秘密偷听电话等相提并论，还列举了几个国家的做法，都是必须征得当事人同意，或者是在很狭窄的范围使用。联邦最高法院的判决理由首要是保护子女的信息自决权，联邦宪法法院在多个判例中对信息自决权进行了解释，“该权利保障每个人原则上有权决定个人生活事实什么时候公开，在何种限度内公开”。⑥ 本判决还提到了几个国际公约，尤其是《欧洲人权公约》第 8 条。这条规定保障每个人都有其私人生活和家庭生活受到尊重的权利。未经同意做出的 DNA 分析明显侵犯了他人对于私人生活的权利。《联合国儿童权利公约》也有儿童权利不受非法干涉和侵害的相应规定。

3. 如何启动父亲身份撤销之诉

联邦最高法院要求，提起父亲身份撤销之诉，必须具备合理的初始怀疑。仅仅说孩子长得既不像母亲也不像父亲并不能成为初始怀疑的理由，庭外获取的 DNA 分析结果也不宜用来证明必要的初始怀疑。原告只是说他不是孩子的父亲，法定鉴定可以排除他的父亲身份，这也不能成为提起父亲身份撤销之诉的必要条件。原告必须“陈述相关情形，这些情形须在客观的第三人看来适合于唤起孩子不是出自原告的怀疑，并且显示孩子并非完全没有可能是另一男子的直系晚辈血亲”。这里讲的是起诉的说服力问题，原告的陈述应当有哪些要求，对此存在争议。判例倾向于“漫无目的地”排除诉讼，其方法是要求进行实质性的陈述，来说明孩子是来自他人这种“合理的初始怀疑”。部分观点认为，母亲（或者孩子）具体参加抽血或者参加生物学的检查，就可以证明这种非父亲身份的初始怀疑。这种观点不能成立，否则信息自决权就是一纸空文。另一些人也批评判例的观点，认为简单声称孩子是他人所生的，并请求法院组织 DNA 鉴定，这应当可以成为提起父亲身份撤销之诉

⑥ BVerfG, NJW 2001, 2320, 2321; BVerfGE 65, 1; 78, 77.

的足够理由。[7] 但联邦最高法院并没有对这些批评意见作出回应。

综上所述,DNA 分析必须征得当事人同意,秘密获取的 DNA 鉴定不能在父亲身份撤销之诉中使用,它会对当事人的一般人格权,尤其是信息自决权造成极大的影响。只有在法院程序的框架内才可以考虑由法官指示进行生物学鉴定。

二、遗留的争议问题

联邦最高法院严格禁止使用秘密获取的 DNA 分析结果,问题是这种立场是否能够持久。这牵涉了以下几个问题。

1. 与法定听审权的冲突。有学者指出,诉讼的生命力在于主张和答辩,当事人原则上应当能够陈述所有的事实,如果把诉讼上的事实陈述置于一般人格权的界限之内,越过这个界限就认为它在实体法也不合法,则会极大地限制所谓的诉讼自由,这与司法提供请求权和法定听审请求权的要求不符。[8] 原则上,当事人有要求考虑事实陈述的请求权,法院有义务考虑当事人重要的事实陈述,这是从法定听审权中推导出来的。法定听审权是整个民事诉讼法的基础,而且还作为程序基本权利规定在《基本法》第 103 条第 1 款中。法院没有法定理由就对当事人的事实陈述(包括证据材料)不加考虑,就是侵犯了法定听审权。因此,为了满足有效提供法律保护的要求,法院应当在事实方面进行全面的审查。从这个方面来说,法院对当事人的事实陈述直接不予考虑,这一点是不符合法院的义务要求。联邦最高法院认为,起诉所要求的初始怀疑不能以秘密获取的 DNA 分析结果为依据。该鉴定意见不仅不能作为证据材料,而且不能作为当事人陈述在父亲身份撤销之诉中使用。联邦最高法院的观点无论从民事诉讼法、宪法还是从民法中都找不到有力的根据。

2. 技术发展带来的变化。从法律上讲,孩子的母亲是生他之人,父亲是通过婚姻被证明是父亲的人(《民法典》第 1592 条第 1 项)。但在

---

⑦ 参见 Ferrand, S. 446。

⑧ Christian Rittner, Natascha Rittner. Rechtsdogma und Rechtswirklichkeit am Beispiel so genannter heimlicher Vaterschaftstests. NJW 2005, 948.

日常生活中,人们总是想知道自己的亲生父亲是谁。科学技术的发展使现在每个人都可以弄清楚这个问题。但技术进步带来的机会和风险同在,虽然可以提高血统认定的准确性(几乎可以达到 100%),但可能会被滥用。此外,生物血统与社会家庭的关系,各自具有什么意义是所有国家在处理 DNA 技术时都要面临的问题。最后 DNA 甄别模型的检查和运用都会触及一般人格权,具体地讲是信息自决权。这里面又包含子女的信息自决权和疑似父亲男子的确切地知道自己是不是父亲的权利,而今天,人们很容易去秘密地进行 DNA 分析。⑨ DNA 鉴定结论在撤销之诉中出于程序的原因而被禁用,主要是因为检查的材料未经子女同意,因而是违法获取的。“违法获取的信息”不是作为证据使用,而是“违法获取的事实陈述”。⑩ 原则上,违法获取的知识——尤其是在当事人不知情的情况下进行的 DNA 鉴定——在民事诉讼中不能使用。在劳动法院中,违法获取的 DNA 分析用来证明某个解聘合理,这也是违反了使用禁止。

3.“初始怀疑”是否必要。学术界的大多数意见认为,“初始怀疑”不是必需的。单纯说自己不是生物学意义上的父亲就可以满足起诉的说服力要求,不需要进一步作出有实质内容的陈述。这首先可以从调查原则的适用中找到依据。一般来说,在适用调查原则的地方,对于当事人陈述的实质性要求要比适用提出原则的地方低。在调查原则的框架内,法院应当去获取和证明对于裁判有重要意义的事实材料。在父亲身份撤销之诉中,也不会降低证明的要求。⑪ 还有人认为,极个别没有确切的怀疑依据就提起诉讼,这并不能成为普通地限制诉讼权利的理由。法院程序给孩子造成的负担比秘密鉴定要大得多,80%的案件都最终证实了初始怀疑。

---

⑨ Frederique Ferrand. Heimlich eingeholter DNA-Vaterschaftstest als Beweismittel zur Rechtslage in Deutschland und in Frankreich. ZEuP 2006,440.

⑩ Sandy Bernd Reichenbach. Zivilprozessuale Verwertbarkeit rechtswidrig erlangter Informationen am Beispiel heimlicher Vaterschaftstests. AcP 206,598.

⑪ Christian Rittner, Natascha Rittner. Rechtsdogma und Rechtswirklichkeit am Beispiel so genannter heimlicher Vaterschaftstests. NJW 2005,946.

启动父亲身份撤销之诉还需注意时效问题。联邦最高法院的判例确定了初始怀疑只有两年的诉讼时效，自获知孩子不是亲生的情形时起算。新技术的发展使联邦最高法院关于初始怀疑的判例显得过时了。为什么一个简单的DNA测试就可以可靠地找出真相时，还要求作出这种实质性的陈述？有学者建议，⑫放弃对实质性初始怀疑的要求，同时规定，DNA分析只能由法院指示进行，在法官的监督下孩子的权利就可以得到保护。

三、后续发展

联邦最高法院在2006年的判例中重申了这一原则。⑬ 该裁判延续了联邦最高法院一贯绝对禁止使用秘密获取的知识结果的判例。此外，它对父亲身份撤销之诉的说服力提出了很高的要求，重新强调了说服力审查和说服力前提条件的意义。

这些判例对于实务界有较大影响。⑭ 疑似父亲依然面临很多问题。为了要提起撤销之诉，他必须陈述可以说明客观初始怀疑的情形，简单地传言不够，一般地推测孩子的母亲跟多人有性关系也不够。因而原告具有极大的障碍，他必须具体知道母亲在受孕期与其他人发生过性关系，要么是有证人证言，要么母亲自己承认或者自己在整个受孕期都不在场。

---

⑫ Sandy Bernd Reichenbach. Zivilprozessuale Verwertbarkeit rechtswidrig erlangter Informationen am Beispiel heimlicher Vaterschaftstests. AcP 206, 602.

⑬ BHGZ 166, 283-291, Ⅻ ZR 210/04.

⑭ Mallory Völker. Keine Verwertbarkeit einer heimlich eingeholten DNA-Analyse im Vaterschaftsanfechtungs-verfahren. jurisPR-FamR 7/2005 Anm. 2.

第八章　人的身份发生争议时的证明原则（安娜斯塔西娅案）

第一节　判决原文

《联邦最高法院民事裁判集》第 53 卷，第 245 页以下（BGHZ 53，245－264）

一、要旨

1.《民事诉讼法》的一般原则，尤其是辩论原则、举证义务和证明责任，在一方当事人主张财产请求权的同时争取其身份或者对其他基本权利发生争议的情况下，也同样适用（本案中原告声称，她是末代沙皇的小女儿安娜斯塔西娅·罗曼诺夫大侯爵）。

2. 法官在对某项声称的真实性形成确信时的要求；拒绝对间接证明的证据申请；拒绝调取高级鉴定意见的申请；重新开启已结束辩论的义务。

《民事诉讼法》第 156 条、第 286 条、第 412 条

第三审判庭 1970 年 2 月 17 日判决

原告：A.

被告：美茵地区 M 公爵

第一审法院:汉堡州法院

第二审法院:汉堡州高等法院

二、事实

原告向被告提出请求权声称,她是1901年6月18日出生的安娜斯塔西娅·尼克拉耶夫娜·罗曼诺夫大侯爵,罗曼诺夫家族的末代沙皇尼古拉二世和皇后亚历山德拉·费奥多罗芙娜(原称黑森和美茵公国的阿历克丝公主)所生的最小的女儿。

安娜斯塔西娅大侯爵是沙皇夫妇的第四个孩子。1917年3月初俄国革命之后,沙皇尼古拉二世于1917年3月15日宣布逊位。几天后,沙皇一家被逮捕,并于1918年春被押往乌拉尔山脉的叶卡特琳堡(现在的斯维尔德洛夫斯克州),安置在商人伊帕契夫的家中。1918年7月16日的深夜,沙皇一家人和随从被叫醒,并被带往地下室。苏联指挥官告诉他们,因有人企图谋反,他们要被枪决,随后便杀害了他们。双方当事人对于沙皇的女儿安娜斯塔西娅当时是否遇害或获救发生了争议。

柏林米特区初级法院1932/1933年为沙皇家族在德国的遗产颁发了多个继承证书,其中也包括1933年9月8日为据称在1917年7月17日被谋杀的沙皇夫妇的五个子女颁发的继承证书。该证书中的共同继承人各继承1/6遗产,其中有黑森和莱茵公国的伊蕾妮公主、普鲁士亨利王子的遗孀以及黑森和莱茵大公路德维希。伊蕾妮公主1953年去世,被告是她的唯一继承人。原告希望自己被纳入沙皇家族的继承证书之中,但她的努力未能成功。

尼古拉二世在1905年和1906年将留给子女的一些财产带往德国,还特别在柏林的门德尔松银行开设了有价证券账户。被告的前手权利人基于1933年9月8日的继承证书共计获得了换算为14,967.15马克的证券或现金。

原告声称自己是沙皇的小女儿安娜斯塔西娅,在谋杀当晚逃过一劫,现在也要请求分得这些财产。她最终请求判令被告支付6100马克及利息，并申请确认，原告作为末代沙皇和他妻子的小女儿和五兄妹中唯一的幸存者，应当成为沙皇在当时德意志帝国境内所有遗产的唯一继承人。她还申请确认，柏林初级法院 1933 年 9 月 8 日颁发给沙皇子女的继承证书有误。

州法院经过证据调查之后驳回了起诉，因为证据调查的结果不足以证明原告就是沙皇的小女儿。州高等法院进行了更为广泛的证据调查，此后同样认为证据不足，驳回了原告的控诉。在上告审中原告仍未胜诉。

三、理由

［……］

Ⅱ. 上告对控诉法院的程序和判决理由提出了普遍的、原则性的质疑。

1. a）上告中原则性的质疑主要集中在以下问题：

控诉法院侵犯了尊重人的尊严和自由发展人格的基本权利。人是唯一有理性和良知的生物，只有他才能决定法律制度的界限和责任。因此，法律制度和法院为国家对人的干预设定了某些不可逾越的界限。人不能被贬低为客体，有禁令称“禁止掏空人的灵魂”。从这些角度来看，此时待裁判的争议尽管会产生财产法的后果，但它应当被视为关于人的身份的争议。人的尊严和自由发展人格的权利也包含人的身份、姓名权以及姓名使用权。虽然不能就此认为，这类诉讼应当适用依职权调查的身份程序，但是，鉴于基本权利的保护，在处理这种基本权利问题和身份问题时，民事诉讼法的一般程序规则应当有所改变，至少应当降低证明的标准。因此，此案应当适用仅涉及基本权利的“清晰的”诉讼程序。如果涉及人的身份或者对基本权利“发生争议”，就不应当适用一般的证明规则。在声称具有某项基本权利时，证明责任应当倒置，特别是那些对人的身份提出质疑的人应当承担证明责任。在这里应当适用“有疑义时先肯定自由”（in dubio pro libertate）的原则。在对人的身份发生争议时，法院应当像处理服兵役者的良心证明问题一样，仅满足某种信服即可，而不应要求近乎于确定的高度盖然性。人格保护和人的尊严都是有着高度价值的法益，不能对它们以及对人的身份在多个程序中作出不同的裁判。因此，如果发生基本权利的争议，法官应当从严格的证明责任规则中解放出来，而承担更多阐明案件的义务，包括重新开启已经结束的辩论。法官应当自己参与调查，既判力也应当超越双方当事人对所有的人都产生约束力。

b）审理案件的审判庭虽然赞同上述考虑的出发点，但不同意它的结论。

当然，人是唯一具有理性和良知的生物，而且人的尊严也不可侵犯。但人不是作为个体在确定法律制度的界限和适用，而是作为上层共同体的一员，从有利于维护有序的共同生活和法国国家原则，以及保护全体人的立场出发，服从于该共同体按照一定规则制定的法律规则。个人在发展其人格和行使其权利时必须顾及他人的权利，在诉讼法的规则方面也是一样。只要诉讼法的规定是恰如其分、站得住脚的，并且个人的基本权利、人的尊严以及人权的基本内容没有受到损害，诉讼法就对所有人都有约束力。

然而，基本权利的这种保护，尤其是宪法所保障的人格权的保护并不要求为本案这样的案件提供所谓的身份程序，并不要求法院依职权调查，不管当事人的请求和陈述，也不管谁承担证明责任，作出的裁判对所有人产生有利或不利的约束力。立法机关在民事诉讼法中为某些争议案例创设了这种所谓的身份程序，在这种程序中，不采用民事诉讼通常适用的纯粹的辩论原则，限制当事人的处分权，规定某种程序，法官可以广泛地依职权阐明案件事实，作出具有全面既判力的裁判，例如在子女关系案件、禁治产案件和某些婚姻争议案件（《民事诉讼法》第606条及以下条款）中就采用这种程序。不能仅仅因为本案中对人的身份发生了争议就直接适用或者参照适用这种身份程序。本案与适用身份程序的案件类型并不相似。立法机关提供了足够的途径，可以在不管证明责任以及不限于民事诉讼法的情况下，澄清一个人的身份。如果原告真正想要让法院确认她的身份或者只是确认她的姓名，她无需承担证明责任，因为这个问题可以在相应的行政程序中依职权查明和裁判：《关于修改姓和名的法律》（1938 年 1 月 5 日，BGBl Ⅲ-401-1）第 8 条规定，如果对某人采用某个姓名有疑虑，可以随时申请官方确认。根据《户籍法》（1937 年 11 月 3 日，RGBl Ⅰ 1146，目前适用的是 1957 年 8 月 8 日的法律，BGBl Ⅰ 1126）第 26 条，如果涉及某个人的身份状况无法确定，最高帝国机关或者各州的最高机关可以决定登记哪个姓、名、生日和出生地。在这个程序中也不存在证明责任。

此外，审判庭也不同意上告人的下述观点：如果涉及人的身份或者对基本权利"发生争议"，就应当改变民事诉讼法的一般规则，并且不适用一般的证明责任规则。任何人将对他人的民事诉讼与人的身份联系在一起，尤其像在本案中，并从中引出财产法的后果，都必须遵守民事诉讼法的规则。德国法的一般证明责任规则，即每个当事人对其所主张规范的所有前提条件都要承担证明责任，符合法治国家的理念。所有权利，包括基本权利，都能从德国民事诉讼法的现行形式中得到足够的保护。"对基本权利发生争议"，任何时候都不需要取消或者倒置这些规则。基本权利的数量和内容是如此集中，并且它的保护也非常精细，以至于当事人在民事诉讼中可以轻易地将他的请求与基本权利争议联系在一起。但这对于双方当事人都同样适用：在本案中，对于被告而言，受基本法保护的财产权和继承权也发生了争议，并且她可以要求在法律面前人人平等。每个被告都可能向原告提出，在涉及基本权利争议时适用证明责任倒置，结果最终还是又得适用老的规则。

本案也没有任何理由表明，法院应当背离法律的规定，在这种案件中满足于较低程度的盖然性，甚至只是要求让人释明（Glaubhaftmachung）即可。《民事诉讼法》原则上仅在临时程序（《民事诉讼法》第 627 条、第 719 条、第 769 条、第 813a 条、第 920 条）中允许疏明。原告指出，本案应当与承认拒绝服兵役的程序一样满足于疏明，这是错误的。《兵役义务法》并没有规定拒绝服兵役的审查程序可以降低证明标准，也不是满足于纯粹的疏明（《兵役义务法》第 19 条、第 26 条、第 33 条）。对于判断有服兵役义务的人是否真正从良心上对武器有反感，司法最初的观点曾经是，如果不能完全阐明拒绝服兵役的人的主观要件（因为这一内心过程是隐秘的)，则只要证据调查能够显示他是一个诚实、可信的人即可算是证明(BVerwGE 14,146)。但是，新近的判例清楚地表明，尽管拒绝服兵役的人证明状况复杂，但这并不能解除他的证明义务。没有一种法律推定或者一般经验原则可以说明，只要拒绝服兵役的人被判定是诚实可信的人，他即可直接证明自己的主张。他作出了有问题的良心决定，行政法院在此也必须能够形成自由的法官确信。如果法院认为没有足够的证据显示有兵役义务的人并不是真的出于良心原因拒绝服兵役，则应根据行政法的一般原则作出不利于他的裁判(BVerwGE 30,358)。

仅仅根据法律面前人人平等的一般原则，立法机关就不能在主张财产法请求权的民事诉讼中因背景原因、债权数额或者问题复杂程度的不同而对证明提出不同的要求。对于真正存在证明困难的案件，司法判例也要适用现行的规定来发展出适合于这种特殊情况的各种原则。

原告完全弄错的是，本案根本不涉及她在上告中所大谈特谈的那些问题，尤其是这里并不涉及根据《基本法》保护姓名权和姓名使用权的问题。原告并没有把她是否有权使用安娜斯塔斯娅·罗曼诺夫大侯爵这个名字的问题作为诉讼标的。从被告方面也不能看出有人提出了这样的请求权，即原告要使用这个名字，甚至要通过安娜斯塔西娅大侯爵这个名称来获得财产利益。在最近的法律生活中，尤其是在这次法律争议中，原告直到结婚前一直都在使用“安娜·安德森”的名字，该名字是巴登符滕堡州内政部根据《身份法》第26条在征得她同意后确定的名字。在本案中，原告提起民事诉讼的目的是向被告主张财产法上的请求权，即让被告支付一笔钱，并且确认继承证书有误，她希望通过这种途径为其他有争议的请求权作出有既判力的前期裁判。但是，如果有人想借助民事诉讼得到金钱或者有金钱价值的给付，必须首先证明这个请求权的前提条件。如果某一财产或财产物品的占有人不能证明原告对该财产并不享有权利，就要求他必须将该财产交给他人，这恰恰是不符合正常法律生活的精神的。

此外,原告有多种途径,通过所谓依职权调查的程序,即她所认为更合适的、更轻松的程序,来判断她的身份问题。然而,她却没有使用或者没有充分使用这些程序,而是故意选择了民事诉讼的形式。从1932年以来,原告最初尝试了使用继承证书程序来证明她的安娜斯塔西娅大侯爵身份。该程序根据《非讼事件法》来处理,法官可以依职权阐明案件事实(《非讼事件法》第12条)。在作出控诉裁判之后,原告也再次提出了控诉,但她在1957年10月撤回了控诉,选择了可能为她带来更多利益的民事诉讼。此外,原告在身份程序中本来可以不必表示她同意其身份不能确定,在这种程序中她本来就可以努力争取其安娜斯塔西娅大侯爵的身份得到承认。在她请求使用安娜斯塔西娅·罗曼诺夫大侯爵的生日和出生地被拒绝之后,她至少可以提起行政诉讼,对自己的出生地和生日提出异议,因为行政机关在她表示同意临时使用"安娜·安德森"的名字之后,还是作出了这种负担性的行政行为。在这种行政法院的程序中同样会依职权查清案件事实(《行政程序法》第86条)。但是,原告并没有充分利用这些机会,让法院依职权查明其身份。正因如此,没有理由在现在的民事诉讼中为她提供特别的程序或者降低证明要求,仅仅因为为了对财产法请求权作出裁判必须澄清她身份。

最后需要补充的是,原告不能主张降低证明标准,因为她曾在多次有利的机会中以奇怪的方式拒绝为其查明身份。原告是在一种与她所声称不同的情形中作为成年人出现在德国的。幸存的沙皇女儿与欧洲的各个王室都有千丝万缕的亲属关系,而且他们都认识她,她在德国完全可以放心地说出自己的身份,自然地、理由当然地作为安娜斯塔西娅·尼克拉耶夫娜·罗曼诺夫大侯爵出现。她并没有这样做,而是一开始完全拒绝了自己的身份,并多次放弃了阐明自己身份的机会。控诉法院的调查得知,她在医院以及后来都拒绝作出表示,在有人看望时甚至有时用被子捂住自己的头,把探望者赶出去,不跟他们说话。即使是因为在谋杀当晚受到惊吓,害怕被发现和追杀,或者羞于表现自己的自卑与屈辱,这些可以用来解释她当时的行为,或者后来当一些认为她是在撒谎的人以讯问的方式问她时她也会被惊吓,这些情形虽然都可以解释她的行为,但是,她并不能因为这些行为就主张降低自己的证明标准,因为她的行为已经让人对其陈述产生了怀疑。在那些从沙皇女儿的角度看来起关键作用的人物面前,她最初是一种完全拒绝的态度,多年来她一直也不允许他人考察她的俄语知识。在州法院的程序中,尽管法院提出要求,但她拒绝为笔迹鉴定提供书写样本。尽管法院要求,她也长期拒绝医生检查她是否有伤痕。

所有这些情况表明,控诉法院认为原告有责任根据民事诉讼的一般规则证明其安娜斯塔西娅大侯爵的身份,从法律角度看并没有什么不妥。

2. 上告还质疑,被声明不服的判决在适用《民事诉讼法》一般程序原则时不利地提高了对原告的证明要求。上告称,州高等法院对于原告的举证提出了几乎是无法完成的要求,对被告却很宽松,因此采用了两种标准。

a)应当承认,法院不能提出“无法完成的证明要求”(BGHZ 7,116;BVerwGE 7,128),也不能要求在审查某项主张是否真实可靠时达成不可辩驳的确信。但上告称,民事诉讼法官在这些案件中满足于纯粹的盖然性即可,这是错误的。因为根据《民事诉讼法》第 286 条,法官必须基于证据调查裁判,他认为某项主张是真实的还是不真实的,因而他恰恰不能满足于某种纯粹的盖然性。此外,《民事诉讼法》第 286 条的标准仅仅是,法官自己对某一主张的真实性是否已经形成确信。这种个人的确信对于裁判是必不可少的,主事法官本身不必拘泥于法定的证明规则,他仅受自己良知的约束来判断是否能够克服可能的疑虑,是否能够确信某一案件事实的真实性。在此,法律并不要求实现没有任何疑虑的确信,即使其他人可能怀疑或者有不同的观点,最终以裁判法官自己的确信为准。但是,在有实际怀疑的案件中,法官可以而且必须达到某种可用于实际生活的确信程度,这种程度要让疑虑沉默,但不会完全排除它。不过,这种表述不太精确,结果法院可能只会满足于近乎确定的盖然性;但是,不考虑法官对真实性形成自己的确信是错误的（参见 BGH DRiZ 1967，239；1969，53）。

……

Ⅲ.

7. 控诉法院驳回了原告调取人类学高级鉴定的申请，理由是，待审查的材料可以接受，不需要进一步补充，并且法院无法假设，经过鉴定人 R 博士仔细审查后还可能会引入一些新的重要的观察角度。

上告质疑称，这是一种有缺陷的、没有法官基本知识的、非法作出的证据评价。本庭认为质疑的理由不成立。

法庭调取了四份人类学和遗传生物学的鉴定意见，并亲自询问了三个鉴定人。再请求询问其他的鉴定人，法院就认为是在申请延请高级鉴定人。根据不同的诉讼状况，这也无可厚非。是否调取高级鉴定意见由主事法官自由裁量（《民事诉讼法》第 412 条），根据司法判例，这仅在非常例外的情形中才有必要。本审判庭多次表明，将包含了几十年审判结果的《刑事诉讼法》第 244 条第 4 款适用于类似的民事诉讼程序是合适的。根据该款规定，如果第一次鉴定结论已经证明所称事实是完全相反的，就可以拒绝询问其他的鉴定人，这种做法在询问证人证言时却是不允许的。这条规则在下述情形中不适用：以前鉴定人的专业知识值得怀疑；鉴定所依据的事实前提条件不正确；鉴定自相矛盾；或者新的鉴定人具有优于以前鉴定人的研究手段。（BGH DRiZ 1967，166.）这些情况在本案中都看不到，也没有提及。

如果要对特别复杂的问题进行裁判或者所提交的鉴定意见有重大缺陷，司法判例也偶尔会认为有必要调取高级鉴定（BGH MDR 1953，605）。但这些前提条件本案都不具备。

……

10. d）原告对异议知识提出了不同的证据申请或证明手段，上告认为忽视它们是一种程序错误。

关于证据申请的处理适用下述一般原则：

《民事诉讼法》规定，法院原则上有义务穷尽证据调查，也就是说法院必须调取所有出现的、可以获得的证据，只要不存在某种拒绝证据申请的理由。这种拒绝可能出于程序法的原因，如证据申请提交过迟或者根据《民事诉讼法》的其他规定被驳回（《民事诉讼法》第 279 条、第 283 条、第 529 条）。此外，主事法官还可以出于证据法的原因拒绝提取证据。例如，民事诉讼法官可以参照包含了几十年审判结果的《刑事诉讼法》第 244 条第 3 款。根据该款的规定，法官可以在下列情况拒绝提取证据：待证明的事实无关紧要、已经被证明或者显而易见；证据手段不合法、不可企及或者完全不合适；所主张的事实被假定是真实的，而即使对方提出质疑时该假定也不会对其不利。与此相反，如果以法院认为所主张的事实的反面已经得以证明为由而驳回证据申请，这是被禁止的，因为经验告诉我们，往往一个唯一的证人或者一种唯一的证明手段会完全颠覆已经取得的确信，以这种理由拒绝证据申请是一种被法律禁止的、对还未调查的证据形成的先入为主的判断。只有当法院真正把所主张的事实当作真实的来处理，而自己不会陷入矛盾时，才可以不进行证据调查而假定真实。

这一切都已形成确定性判例（参见 BGH NJW 1952, 931; DRiZ 1959, 252; 1962, 167; 1966, 181; Stein/Jonas/Pohle, ZPO 19. Aufl. § 284 Anm. B）。

此外有问题的是，原告异议（Erinnerung）中涉及间接证据；民事诉讼程序对于间接证据框架内的证据申请的处理又有特殊之处：在证据调查中，人们区分直接证据和间接证据。直接证据是指某些事实主张，它可以不借助其他条件直接证明某一法定事实构成要件成立，而间接证据则指其他的、与事实构成相异的事实，即辅助事实，它需要与其他事实共同作用才能得出事实构成要件成立的结论。这种辅助事实——通常被称为间接证据或者间接证据事实，有时也被称为迹象——是为了从其中得出其他的重要事实的事实。如果不能从间接事实中推导出其他不同的结论，间接事实还是有说服力的。因而，间接证据的核心不是间接证据事实本身，而是与之相联系的另外的思考过程，根据这个过程可以得出在法律上具有重要意义的其他事实。

根据联邦最高法院的持续性判例，民事诉讼中的法官在处理间接证据的申请时比处理其他证据申请有更大的裁量空间。诚然,从宽泛的意义上来看,这种间接证据也是"具有重要意义的"事实,但是,法官在直接证据中审查的是,该主张的事实对于法律争议是否具有法律上的意义,即是否具有法律上的重要意义,而在审查间接证据时,则是审查它事实上的、思维规律上的意义,即它对于得出主要事实结论的意义。这就是说,在间接证据中,法官在调取证据之前可以而且必须审查,间接证据是否具有说服力,即所陈述的全部间接事实加在一起是否可以让人信服主要事实的真实性。因此,如果在民事诉讼中,主事法官根据自己的确信认为提请证明的辅助事实不足以证明主要事实,因而忽视了间接证据的调查申请,这并不构成程序错误。如果法官根据自己的生活经验认为,间接证据本身或者与其他间接证据一起,以及与其他的案件事实一起都不能对于需要证明的主要事实提供足够确切的结论,则它就没有足够的证明力,因而就是不重要的。这不是一种被禁止的先入为主的证据评价,而是符合思维规律地运用法官的经验原则,这与法官在适用法律时、每次在证据调查前所做的工作相类似。

尽管学术界偶尔存在不同的观点,但本审判庭同意联邦最高法院迄今为止的判例。

在处理原告的证据申请时,这些原则的适用看不出有任何法律错误。

第二节　评　　析

安娜斯塔西娅案曾轰动一时,法院的判决也具有重要意义。本案涉及安娜·安德森(声称自己是安娜斯塔西娅·罗曼诺夫)的真实身份问题。原告认为,涉及如人的身份等基本权利时应当实行证明责任倒置,由对其身份提出质疑的人承担证明责任,此外,她要求法院以较低的"证明标准"确认其身份。联邦最高法院则坚持适用一般证明责任规则。

一、证明责任的分配

本案争议的第一个主要问题是证明责任的分配问题。原告提出，法律争议涉及其基本权利，法院应该抛弃严格的证明责任规则，承担更多的阐明义务，甚至将证明责任倒置，由“那些对人的身份提出质疑的人承担证明责任”。联邦最高法院则认为，“德国法的一般证明责任规则，即每个当事人对其所主张规范的所有前提条件都要承担证明责任，符合法治国家的理念。所有权利，包括基本权利，都能从德国民事诉讼法的现行形式中得到足够的保护。对基本权利发生争议，任何时候都不需要取消或者倒置这些规则”。为此，我们必须先了解德国法的一般证明规则。①

1. 证明责任的基本规则

如果没有特殊的证明责任规范或者证明责任协议，应当首先从所谓证明责任的否定性基本规则出发。由于法律事实构成只有在其前提条件变成具体现实之后才能适用，所以，如果法官在争议情形中不能对此获得完全确信，就不应当适用。据此，各方当事人对有利于自己的规范的所有（包括否定性）前提条件承担证明责任。

只有这种基本规则才与正常的、提供稳定保护的法律保护相一致。但否定性基本规则并不简单地是事实性前提条件没有得到证明时不适用实体法的后果或者反面，因为这种逻辑禁止在真伪不明的情形中不适用其他规则就进行正面或者负面的法律适用。由此可见，证明责任规范还是法官在不能证明时的补充裁判规范。否定性基本规则的基础在于默示性的实定法。只有在法律没有包含不同的特殊规则时，这种否定性基本规则才可以适用。待适用的法律事实构成与证明责任规则一起决定了证明无果时的法律适用。

与此相反，普维庭认为，在确认真伪不明之后适用否定性或者肯定性证明责任规则之前，为了克服真伪不明状态还适用纯粹方法性的程序规则（没有法律特征）。然而，（否定性或者肯定性）证明责任规范已

---

① 以下内容主要参考了[德]罗森贝克、施瓦布、戈特瓦尔德：《德国民事诉讼法》，李大雪译，中国法制出版社 2007 年版，第 849~855 页。

经足够解除真伪不明,对这个过程的方法性识别有一定的贡献,但不是进行证明责任裁判额外的必要步骤。

2. 证明责任的分配

在当事人之间分配证明责任的规范是证明责任基本规则的补充。从法定的证明责任规范中可以派生出以下一般证明责任分配规则:原告对请求权发生的(包括消极的)事实构成要件承担证明责任,被告对权利消灭规范、权利阻却规范和权利延缓规范承担证明责任。或者简而言之:各方当事人对有利于自己的规范承担证明责任。关于具体的划分由实体法决定。由罗森贝克提出的句式学说或者规范理论在很多情形中都能解决问题。此外,归属问题可以通过方法论上的法律解释来判断。

这一点也可以划分为阻却权利的事实。只有这些事实在实体法上不存在,权利才能存在。认为不是原告应当证明其不存在,而是被告应当证明其存在的观点仅能从这些事实构成要件的例外性质中得到合理性支持。在这一点上,规范理论应当予以补充(修正的规范说)。

由此可见,证明责任分配自来实体法明确的证明责任规则、它们的类推适用以及法官法的发展。

3. 证明责任分配的原则

实体法对证明责任的分配建立在一大堆理由之上(如证明距离、社会保护、存续保护、法律和平)。尽管如此还是有人尝试从经常碰到的证明责任原则中推导出直接普遍适用的证明责任规则。

(1)根据危险领域分配证明责任?

尤其是对于损害赔偿请求权,有人主张根据危险领域分配证明责任。据此,各方当事人对处于自己范围、自己支配领域或者组织领域的情形承担证明责任。这种学说具体由普罗斯(Pross)提出,并且进一步延伸到客观上违反义务的行为。

由于很难界定危险领域,因而对这种证明责任原则的普遍适用存在疑虑。证明距离和空间危险领域并不总是重合的,在合同请求权中必须由合同本身来决定应当承担的危险领域,给付义务也限定证明风险。因此在侵权法中,除了恰当地评价证据外,应当优先考虑针对个案发展证明责任倒置。

(2)根据盖然性分配证明责任?

学术界也有人主张根据具体的或者抽象的盖然性来分配证明责任。这种观点的出发点是正确的,即立法机关经常根据“一般—例外”模式来确定证明责任。正是因为如此,只有在引用盖然性原则与法定证据分配不一致时,这一原则才具有独立的意义。但是,对此需要发展法律的特殊理由,没有发展法律的前提条件,盖然性就主要在证据评价领域发生作用。在证据评价中,涉及的问题是事实主张是否具有盖然性以及具有多大程度的盖然性。如上所述,表见证明也是一贯适用的证据评价。因此,如果人们将证明责任倒置仅仅建立在盖然性思考的基础上,就不正确地混淆了证据评价和证明责任裁判。

4. 证明责任倒置

实行证明责任倒置的情形有以下几种:

(1)证明妨碍

承担举证责任的当事人自己妨碍举证的,则他处于不能证明状态并且败诉。当事人拒绝合理地协助阐明事实或者未能使用撼动表见证明的手段的,则丧失本来赋予他的简化证明。

如果负有举证责任的当事人的对方通过违反义务的行为或者不作为而有过错地未能进行本身可以进行(在诉讼前或者诉讼期间)的证明,则判例原则上以举证人(释明)的主张作为进一步适用法律的基础。这一结果是判例根据不同的个案通过自由证据评价框架的推论而取得的(第 286 条),在故意妨碍证明的情况下通过表见证明取得,或者通过真正的证明责任倒置而取得。联邦最高法院大多称之为直到证明责任倒置的简化证明。它以此避免了准确地定性,因此与一般证明责任倒置相比,能够更加灵活和准确地对具体个案的证明困难作出反应。这种制裁的一般基础是诚实信用原则,以及《基本法》第 3 条保障的诉讼中武器平等的原则,武器平等原则产生了诉讼中的协助义务、阐明义务和结果保全义务。

视为证据评价问题的有：医生扔掉留在手术伤口上的棉球，推论他具有过错（BGH VersR 1955，344）；如果通过不拍X片妨碍对本来的治愈机会进行认定（RGZ 128，125），则推论错误治疗与损害后果之间有因果联系；推论被市长后来毁灭的遗嘱具有有效的形式（RGZ 101，197），如果接受人对委托书的内容有异议，但又不能再提供委托证明，则推论该委托书具有通常的内容（OLG Köln MDR 1974，227）；如果原告没有解除被诉医生帮手的保密义务，被诉医生因此不能举证，推论医生阐明的内容真实（OLG Frankfurt NJW 1980，2758）。

结果保全义务和文献资料义务主要是为了保全治疗过程的重要医疗数据和资料。从医疗角度看并非一定需要的文献资料从法律上看也不作要求。但文献资料也可以用来保障医生的报告义务和患者的人格权。

与此相反，在下列情形则应当视为直到证明责任倒置的简化证明：由于医生、律师、审计师或者公证员违反结果提取义务和结果保全义务而使案件事实不能查明，例如，病历记录有瑕疵，诊断结果或者检查结果没有提取，商品试验（BGHZ 6，224 = NJW 1952，867）或者文书（OLG München OLGZ 1977，79）没有保存，或者医生根据第372a条拒绝进行确认未结婚父亲身份的检查（BGHZ 121，266 = NJW 1993，1391）。医生违反结果保全义务只能在该义务导致患者证明困难时才能推导出患者的简化证明，例如加大了阐明重大治疗错误和健康损害之间完全可能具有的因果联系的难度。

学术界正确地指出，不仅是故意的证明妨碍，而且过失的证明妨碍都必须在证据评价的框架内合理地加以考虑。恰好在过失毁灭证据手段时完全倒置证明责任才可能是过于严厉的制裁。

（2）严重违反职业义务

医生的严重治疗错误或者其他严重违反职业义务的行为也类似处理。如果严重违反保护他人身体和健康的职业义务，判例在此同样采用直到证明责任倒置的简化证明。出现可能是医生的严重治疗错误所造成的损失时，由医生承担举证责任，证明他的行为不是主要损害和典型的后果损害的原因,尽管他本身并不应当承担举证责任。简化证明完全要根据具体的案情决定。例如,在治疗错误和损害之间完全不可能有联系时就不进行简化证明。

如果医生犯了典型的"艺术错误",使可能引发的损害实实在在出现了,则应当采用证明责任倒置。如果将手术交给一个没有资格的助理医生处理、没有进行迫切需要的治疗咨询或者没有采取必要的诊断措施、过晚开始表征治疗或者违反了文献资料义务和结果保全义务,也应当采用证明责任倒置。

类推适用新《民法典》第280条第1款第2句,证明责任倒置也适用于医院的主办机构,只要患者的损失出现在一个完全可以控制的领域(医疗器械的使用)并且不存在例外情形。

(3)产品责任

与此相反,如果在正确使用工业产品时,人身或者物品由于该产品被错误地投入流通而受到损害(产品责任),则侵权诉讼中的证明责任倒置不再存在任何争议。在这些情形中,受害人不需要阐明产品错误是否基于制造者违反了谨慎义务以及违反义务的行为以何种方式导致了错误的产生,受害人只需要证明损害是由制造者在管理领域造成的商品违规状况引起的即可。与此相反,类推适用《民法典》第836条,制造者对自己没有过错承担证明责任。如果制造者违反了指示义务或者审查义务和结果保全义务,这种证明责任倒置也适用于产品瑕疵的因果关系。

对于《产品责任法》(第1条第4款)中的竞合责任,立法机关从今以后明确采用了同样的规定。然而,将这一规则扩展到高级雇员的人身责任却不恰当。

(4)违反阐明义务和咨询义务

如果违反合同上的阐明义务和咨询义务,尤其是在投资咨询中,或者违反了医生责任,致使委托人或者患者实施了某种行为,也进行法官法上的"证明责任倒置"。对受害人没有遵循所有建议和指示的抗辩由咨询义务人承担举证责任。由于事情的典型进程可以通过阐释其他的具体进程而被动摇,因此它不是真正的证明责任倒置,而是属于表见证明的情形。

本案不符合上述任何情形之一,所以不实行证明责任倒置。

二、证明标准

本案争议的第二个主要问题是证明标准。原告要求法院以较低的"证明标准"确认其身份,而联邦最高法院则认为"本案也没有任何理由表明,法院应当背离法律的规定,在这种案件中满足于较低程度的盖然性,甚至只是要求让人释明即可"。德国《民事诉讼法》第 286 条第 1 款第 1 句规定:"法院应该考虑言词辩论的全部内容以及已有的证据调查的结果,经过自由心证,以判断事实上的主张是否可以认为真实。"学术界通常将这个标准称为"高度盖然性"标准。联邦最高法院在本案中指出,法官"不能满足于某种纯粹的盖然性。此外,《民事诉讼法》第 286 条的标准仅仅是,法官自己对某一主张的真实性是否已经形成确信"。这种法官个人的确信对于裁判是必不可少的。换句话说,法官不受法定证据规则的约束,他要根据自由确信来裁判某一事实陈述的真伪。

1. 主观确信的必要性

客观说仅以证明结论所达到的客观盖然性内容为标准;如果达到法定标准,则法官获得"确信",主观上的肯定性却不予考虑。

在适当的情形中,间接证据的证明价值可以根据真正数学上的盖然性计算进行核查。例如,在父亲身份确认中这种计算就具有很高的证明价值,法官不能弃之不顾。但在大多数情形中,证明结果的肯定性是无法计算的。或有的尝试带来的仅仅是纯粹的表见准确性。因此,通说合理地坚持了肯定性的主观标准。在这里,确信形成的基础和辅助手段也是客观的盖然性衡量。据此,法官可以满足于对于实际生活有用的肯定性程度,该程度要求怀疑保持沉默,但并不完全排除它。与此相反,仅仅根据看起来或多或少可信的东西进行裁判是不合法的。

2. 统一的基本证明标准?

根据通说,肯定性的必要程度与第 286 条确定的(非常)高度盖然性的法定基本标准相适应。不能达到这种高度肯定性的典型困难情形可以考虑简化证明。为此,法律的特殊规范(如第 287 条)或者法官法(如因果关系中的表见证明)将证明标准降低到优势盖然性。

另一些人联系普通法的用语,认为民事案件中的证明标准通常应当是优势盖然性。但这种观点不能被人接受,因为通说担心它的后果将是责任的泛滥。

当然,这些观点在实际结果上并没有区别。因为在具体案件中,通常缺乏准确衡量盖然性的手段,起决定作用的还是理智裁判者的确信形成,在模棱两可的情形中由法官的主观估量决定。因此应当认为,法律虽然确定了具体的证明简化,但没有确定基本证明标准,而是交由法院根据事实的重要性、证明的困难程度和其他包括实体法在内的情形,有区别地形成自己的确信以及相应地确定证明标准。据此,最终适用的是根据法官法实用性地分级确定的灵活标准。在这一框架内,法官能够形成确信才是关键。

第九章　合格的电子签名

第一节　裁定原文

《联邦最高法院民事裁判集》第 184 卷，第 75 页以下（BGHZ 184，75-88）

一、要旨

《民事诉讼法》第 130a 条第 1 款第 2 句对于决定性诉讼文书而言不仅仅是秩序性规定；这些文书必须具备合格的电子签名。

《民事诉讼法》第 130a 条第 1 款

第七民事审判庭，2010 年 1 月 14 日裁定

原告：Y

被告：M 有限责任公司

Ⅶ ZB 112/08

第一审法院：林堡州法院

第二审法院：法兰克福（美因河畔）州高等法院

二、事实

原告以有效的形式、在规定的期间对州法院驳回其起诉的判决提起了控诉。说明控诉理由的期

间于2008年4月17日届满。当天19时50分,控诉理由以电子形式到达控诉法院。法院的审查记录证明,原告诉讼代理人R律师的签名密匙证书在审查时被驳回。负责法院电子信箱的H官员在案卷中注明,他在2008年4月17日10时左右电话通知了R律师所在的事务所他们没有提交控诉理由,并告知了其后果。

联邦公证员协会认证中心已于2008年3月31日将签名卡寄给了R律师。该信还要求将随信寄来的回执签名后寄回,“以便能够在名册中心开通您的证书”。在随信附上的另一份“开启和使用电子卡的说明”中写道:“您的新技术签名卡……即刻有效。”

在认证中心提供的R律师的回执上,印章显示到达的时间为2008年4月25日。根据联邦公证员协会的答复,该签名卡在同一天就已开通。

原告在2008年6月2日的书状(6月3日到达)中再次提交了控诉理由,并申请因耽误控诉理由说明期间而回复原状。他在申请理由中陈述,R律师事务所没有收到通知,这与H官员的案件记载不一致;尤其是没有与一个叫R的人通电话。R律师事务所具备传输合格签名的前提条件。如果内部审查得出了不一样的结果,这不能归咎于她。传送记录中也没有显示错误报告。

控诉法院将控诉作为不合法而驳回,同时也驳回了回复原状的申请。对此原告提出了法律抗告,他提交了R律师事务所两位律师和一位职员的宣誓保证,来证明回复原状理由的可信性。上诉取得了成功。

三、理由

根据《民事诉讼法》第574条第1款第1句第1项、第522条第1款第4句、第238条第2款第1句获得准许、依照《民事诉讼法》第574条第2款第1项和第575条许可的法律抗告是正当的。原告虽然错过了控诉理由说明期间,然而应当准予他回复原状。

1. 控诉法院宣称,2008年4月17日以电子形式递交的控诉理由书不符合《民事诉讼法》第130a条第1款第2句的规定,不具备足够合格的电子签名。与《民事诉讼法》第130条第6项规定的签名一样,这种签名对于决定性书状而言是强制性要求。根据《签名法》第5条第2款的规定，签名密匙证书需在寄回收到签名卡的回执后，由认证服务机构审核开通。认证中心在2008年3月31日的信件中已向R律师指明了这一点。到达印章证明，接收回执在2008年4月25日才寄回。原告提交了一则由R律师的助手在2008年5月30日所做的记录，该记录显示，与认证中心接通的一个电话可以证明接收回执已于2008年4月7日到达。然而从这份记录中既看不出谁做出了这样的回答，也看不出这种回答的基础是什么。与此相反，人们可以推定，到达印章事实上可以证明到达的时间。这种推定不会被一则说服力很弱的记录所动摇。

原告也没有被准予回复原状。该申请没有在《民事诉讼法》第234条规定的2周期间内提出，因而是不合法的。尽管R律师的办公室在2008年4月18日就被电话告知没有递交控诉理由书，但该律师在2008年6月2日才以书状提出回复原状的申请。原告虽然在书状中辩称2008年4月17日没有收到通知，但在报告人询问司法官员H时，后者提到在2008年4月18日通知了R律师事务所的一名办公室人员。由于疏忽，他在案卷中注明的日期为"17日"，被告知人的名称为"R"。因而可以认为，R律师在2008年4月18日知晓了电子签名无效。因此，回复原状的申请超出了期间(晚了)。

此外，控诉法院认为，回复原状的申请也不正当。原告提供的认证中心寄送签名卡的信件以及所附的使用说明不足以排除其诉讼代理人的过错。因为在签名证书开通之前，R律师需要将接收回执寄回。原告没有对寄出接收回执的时间作出任何说明。使用说明书指出，原有的签名卡将被使用新技术的签名卡取代，并且可以立即使用，但没有进一步说明审查和开通证书需要满足哪些前提条件。这些条件可以从《签名法令》第5条第2款获知。R律师应当对不知道这些规定承担责任，尤其是认证中心已在信件中明确指出，只有寄回回执后才能开通签名卡。

2. 经审查，上述观点不成立。控诉虽然没有在规定的期间说明理由(a)，但应当准予原告回复原状(b)。

a)原告耽误了说明控诉理由的期间,因为 2008 年 4 月 17 日以电子文件提交的理由说明书违反了《民事诉讼法》第 520 条第 5 款、第 130a 条第 1 款第 2 句的规定,没有按照《签名法》的规定附上合格的电子签名,因而没有遵守法定的形式。

aa)《民事诉讼法》第 130a 条是 2001 年 7 月 13 日通过的《调整私法的形式规定和其他规定以适应现代法律行为交往的法律》(BGBl I S. 1542)引入的。该法旨在让其第 1 款第 1 句列举的文件可以以电子文档和电子邮件(参见联邦最高法院 2008 年 12 月 4 日的裁定Ⅸ ZB 41/08,NJW-RR 2009,357 Tz. 6)的形式提交给法院。根据该法的第 1 款第 2 句,责任人应当依照《签名法》附上合格的电子签名。合格的电子签名(《签名法》第 2 条第 3 项)是指该法第 2 条第 1 项规定的一种电子签名,另外必须满足该条第 2 项规定的高级电子签名的前提条件,并且根据在其签名时有效的合格证书制造一个安全的签名整体。合格的电子签名可代替《民事诉讼法》第 130 条第 6 项规定的亲笔签名(参见联邦最高法院 2008 年 7 月 15 日的裁定Ⅹ ZB 8/08,NJW 2008,2649 Tz. 10)。电子签名可以让电子文档在"流变性"和可能发生的无痕篡改等方面具备与纸质文档同样长久的效果(参见联邦最高法院 2008 年 12 月 4 日的裁定Ⅸ ZB 41/08,NJW-RR 2009,357 Tz. 6)。这样一来,立法机关就要求电子签名必须具备特别高的安全等级(参见 Stadler ZZP 2002,411,420)。

bb)在《民事诉讼法》第 130 条第 6 项的框架内,尽管法律使用的是"应当",对于决定性书状而言,签名原则上是不可或缺的生效要件(参见联邦最高法院 2008 年 7 月 15 日的裁定Ⅹ ZB 8/08,NJW 2008,2649 Tz. 11;2008 年 4 月 2 日的裁定Ⅻ ZB 120/06,NJW-RR 2008,1020 Tz. 7;2006 年 2 月 14 日的裁定Ⅵ ZB 44/05,NJW 2006,1521 Tz. 6;2005 年 5 月 10 日的判决Ⅺ ZR 128/04,NJW 2005,2086 Tz. 15 以及持续性判例)。从这个意义上来说,2001 年 7 月 13 日《调整私法的形式规定和其他规定以适应现代法律行为交往的法律》只是一个补充,根据《民事诉讼法》第 130 条第 6 项第二种情形的规定,以传真传送文件时,复印件上有签名就已足够。从该法的政府草案理由书(参见 BT-Drucks. 14/4987 S. 24)中可以看到,它并不是要修改大量判例中关于签名的规定。

cc)在《民事诉讼法》第 130a 条第 1 款第 2 句的框架内,合格的电子签名对于决定性书状而言原则上也同样是强制性的生效要件,这在司法和学术界存在争议。一种观点认为,该条款应当与法律文句保持一致,仅仅应当理解为是一种秩序性规定(参见 Baumbach/Lauterbach/Albers/Hartmann, ZPO, 67. Aufl. § 130a Rdn. 4; HK-ZPO/Wöstmann, 2. Aufl. § 130a Rdn. 3; Musielak/Stadler, ZPO 7. Aufl. § 129 Rdn. 8 und § 130a Rdn. 3; Zöller/Greger, ZPO 28. Aufl. § 130a Rdn. 4);另一种观点则认为应当按照《民事诉讼法》第 130 条第 6 项理解为一种必须性规定(Stein/Jonas/Leipold, ZPO 22. Aufl. § 130a Rdn. 8; Thomas/Putzo/Reichhold, ZPO 29. Aufl. § 130a Rdn. 2),联邦最高法院在 2008 年 12 月 14 日的裁定(Ⅸ ZB 41/08, NJW-RR 2009, 357 Tz. 9)中仅仅提到,立法机关"规定"的是发送人的合格电子签名,电子邮件不满足这些要求,因此不适宜用来在规定的期间内传送决定性书状。

dd)因此,《民事诉讼法》第 130a 条第 1 款第 2 句应当作如下解释,在传送决定性书状时原则上必须由发送人附上合格的电子签名。尽管使用的是"应该",但这里并不仅仅是一条秩序性规范。

(1)与《民事诉讼法》第 130 条第 6 项的同等要求就已经表明了这一点。合格的电子签名可以代替签字。如果不管法律的词句,而将签字原则上看作不可缺少的生效要件,则对于合格的电子签名也同样适用。格雷格(Greger)也认为(参见 Zöller, ZPO, 28. Aufl., § 130 a Rdn. 4),解决方案必须统一。

(2)这一理解符合立法者的意思(参见 Dästner NJW 2001, 3469)。虽然在政府草案的理由书中《民事诉讼法》第 130a 条第 1 款第 2 句被称为秩序性规定,但联邦参议院在他们的审议意见中就已经提出了反对意见,他们认为仅仅在应该性规范的框架内规定这种签名是不够的。在答复中,联邦政府没有同意这一点,随后声请了调解委员会介入。调解委员会认为没有必要修改政府的草案。联邦参议院的最终会议记录下了调解委员会的说明：

"《民事诉讼法》第130a条第1款的形式规定……参照了第130条第6项关于准备性书状签名的应该性规定。在涉及决定性书状时，司法判例将这一规定解释为必须性规定……调解委员会认为，《民事诉讼法》第130a条第1款的形式规定……在涉及决定性书状时也应当解释为必须性规定……"

这一点得到了联邦参议院和联邦议会的同意（参见联邦参议院2001年6月22日第765次会议的记录，第312、322页）。

（3）不过，联邦财税法院将《财税法院法》第77a条第1款第2句中同样的文句却解释为秩序性规范，理由是法律中没有体现立法机关对该规范有上述理解。由于不符合法律抗告的观点，此案还没有必要根据《判例统一法》第2条第1款将案件提交联邦各最高法院联合法庭审理，因为《财税法院法》第77a条（旧）对于当时裁判的法律虽然还能适用，但现在已被2005年3月22日的《司法交流法》撤销，取而代之的是《财税法院法》第52a条。该条第1款第3句规定，在准许传送电子文档的法律规范中，对于与书面签字同等对待的电子文档应当规定合格的电子签名。相同的规范也出现在《行政法院法》第55a条和《社会法院法》第65a条中。那些与《民事诉讼法》第130a条相应的前期法律规范都已经被撤销，而《民事诉讼法》第130a条却未作任何修改，依然有效。在政府草案的理由书中这样写道：《财税法院法》第52a条、《行政法院法》第55a条和《社会法院法》第65a条在内容上都与《民事诉讼法》第130a条重合，因而适用这条规范所包含的"应该性规定"（BT-Drucks. 15/4067 S. 37ff.）。立法机关以此认为，《民事诉讼法》第130a条第1款第2句规定在决定性书状中使用合格的电子签名，在《司法交流法》施行后，各程序法的相应规定在内容上应当保持一致。鉴于对《民事诉讼法》第130条第6项作出的司法裁判，以及在《民事诉讼法》第130a条第1款第2句立法过程中所表达的规范理解，立法机关认为很显然没有必要对《民事诉讼法》第130a条第1款第2句本身进行修改。

（4）这一结果不会导致不可忍受的评价矛盾，这与法律抗告的观点相反，因为联邦各最高法院联合法庭在2000年4月5日对计算机传真的有效性作出过裁定（GmS-OGB 1/98，BGHZ 144，160）。该裁判的结尾处写道：

“如果决定性书状……在内容上符合诉讼要求，则通常应当通过下述方面清楚地确定作出表示的人：他的签名被扫描，或者恰当说明前述表示人因所选传送形式不能签名。此外，对于将这种书状提交法院的意思不能产生重大怀疑。”

法律抗告认为，尽管如此也不能充分说明是要求提供合格的电子签名，而且电脑传真也不能保证制作人的真实性。它忽视了合格的电子签名除具备签字的功能之外，尤其可以保证电子文档不会毫无痕迹地被篡改（持久功能，参见 BT-Drucks. 14/4987 S. 24 und BGH，Beschluss von 4. Dezember 2008－Ⅸ ZB 41/08，NJW-RR 2009，357 Tz. 9）。这一点也在很大程度上说明，为什么在决定性书状中《民事诉讼法》第130a条第1款第2句应原则上理解为必须性规定，为什么要与电脑传真进行不同的操作。联邦各最高法院联合法庭的上述裁判是否被《民事诉讼法》第130条第6项的新规定所超越（参见联邦最高法院2005年5月10日的判决Ⅺ ZR 128/04，NJW 2005，2086 Tz. 17），联合法庭在此次案件中没有必要作出裁判。

ee）综上所述，要进行合乎形式的控诉理由说明，必须附上《签名法》所要求的合格电子签名。这些前提条件没有满足。

合格的电子签名以制作签名时有效的合格证书为基础（《签名法》第2条第3a项和第7项）。只有在签名密匙拥有人向认证服务机构确认已经收到合格的签名制作卡之后，该证书才能进入审核程序。因此，仅仅是已经向R律师发送了签名卡和个人密码还不够，还要求开通合格的证书，而开通证书以收到接收回执为前提。没有开通的证书不能制作《签名法》意义上的合格电子签名。因而原告没有遵守控诉理由书所应有的形式。

ff)法律抗告主张,如果从其他情形中可以提供类似于签字的保障,联邦最高法院曾经允许《民事诉讼法》第130条第6项的签字要求存在例外,但这没有成功。该保障可以保证诉讼代理人提起控诉,控诉已经表明对上诉书的内容承担责任,并且是有意识地让它进入流通领域的(参见联邦最高法院2009年5月7日的裁定Ⅶ ZB 85/08,MDR 2009,882 m. w. N)。传送的类型和审查记录的内容都不能看出存在与合格的电子签名相当的保证,保证控诉理由书是出自R律师的手。不过,对于法律抗告还是应当肯定,本案不属于这种情形以及控诉理由书非故意地投入流通领域的可能性很小。从审查记录中可以看出,R律师使用了分配给她的签名。从审查记录中还可以看出,该签名是有效的,缺少的只是认证证书。通过认证证书,认证服务提供者可以确认,审核电子签名所必需的签名密匙(《签名法》第2条第5项)是归属经过其认证的自然人所有(《签名法》第2条第6项、第7项,第5条第1款)。只有认证证书才会提供足够的保证,保证文件中所称的发送人与密匙持有人是同一个人。没有认证证书这种保证就不够充分,因为密匙卡和认证号码可能会落入他人之手。立法机关在《民事诉讼法》第130a条第1款第2句中规定了合格的电子签名,并且为其规定了特别高的安全级别(参见Stadler ZZP 2002,411,420)。因而,准许《民事诉讼法》第130a条存在例外,并以此规避法定的安全要求,最终只达到较低的安全等级,这是不能接受的。而且,通过使用签名密匙可能保障实现持久功能,但仅有这一点还不够,在控诉理由说明期间届满时,合格电子签名的所有前提条件都必须满足。以嗣后颁发的认证证书来确认也是不行的。从这一点来说,控诉理由期间届满后,不存在任何签字的补救措施。签字不能补正形式瑕疵(参见联邦最高法院1979年12月6日的裁定Ⅶ ZB 13/79,VerR 1980,331)。

b)控诉法院以错过控诉理由说明期间为由拒绝了原告回复原状的申请,这是不合理的。

aa)申请没有迟到。

(1)审判庭依据办事员H的陈述认为,该办事员于2008年4月18

日给原告诉讼代理人的办公室打过电话，并且指出该签名已被认证服务提供者拒绝，因而文件没有以有效的形式送达。然而记录显示的是，该办事员是在4月17日打的电话，而且是给R…er的办公室打的电话，而不是R的办公室，这明显是一种疏忽。从这个日期就可以看出，记录中已经提到文件是在2008年4月18日才到达的。办公室人员A的宣示保证也不能让人形成其他的确信。由于没有说明是怎样打的电话，所以律师事务所是否接听了所有电话也值得怀疑。

（2）鉴于H宣称他给R的办公室打过电话，但这一点不能证明他和其中一位在场的律师通了电话，尤其是和原告的诉讼代理人通了话。R律师及其丈夫在他们的宣誓保证中也对这一点提出质疑。同时他们还质疑，其办公室人员知悉了签名被驳回的事情。因此只能认为，接听电话的办公室职员没有转告原告的诉讼代理人。由此造成的耽误不能让原告承担责任。原告诉讼代理人的丈夫信誓旦旦地保证，他们办公室有明确的指示，必须将电话得知的信息告知相关律师以及告知的方式。他们检查了该指示，至今没有发现违背指示的情况。因此，原告的诉讼代理人自己也没有过错。由于办公室的管理无可挑剔，其办公室人员的过错不能归咎于原告。

（3）因此，原告的诉讼代理人是在收到2008年5月20日的法院通知时才获知签名被驳回。因而她遵守了回复原状的一个月期间（《民事诉讼法》第234条第1款第2句）。

bb）申请也是正当的。诉讼代理人无过错地耽误了控诉理由说明期间。她可以认为，收到签名卡和认证号码就可以制作合格的电子签名，这并没有违反谨慎义务。这一点还可以从新卡的使用说明中得知，在认证中心所发的使用手册中，“新卡使用时间”的标题下面写着，新技术的签名卡即刻有效。签名卡的用户对于认证中心的这种说明可以这样理解，该卡片可以即刻用于规定的目的，尤其是该说明位于“启动和使用签名卡的注意事项”。用户不会想到，使用卡片还需要专门开通。尤其是，认证中心在同一张使用指南中并没有提到开通事项，而是在另一张纸上才指明，卡片可通过替换交易密码进行开通。而这一点也给人造成这样的印象,无需其他措施即可使用卡片。认证中心在信中请求将接收回执签字后寄回,以便在用户名单中开通认证证书,这一点与前述理解并不矛盾。如上所述,R律师基于其他信息可以认为,她在收到卡片和认证号码后即可启用卡片。在前述信件中也刚好有完全相同的表述。未在用户名单中开通会妨碍合理的使用,这一点在信中并未足够明确地提及。认证中心的请求毋宁可以理解为,在用户名单中开通虽然是必要的,但并不会妨碍以进行合格电子签名为目的的卡片使用。鉴于法律规定的告知义务(《签名法》第6条),联邦公证员协会的卡片用户有理由相信,关于使用的说明都是正确的,对于律师在使用卡片时非常重要的问题不会隐藏在一个无关痛痒的表述后面。"在用户名单中"开通认证证书是使用的前提条件,这需要仔细研究《签名条例》才能获知。《签名条例》第5条第2款规定,认证证书只有在收到接收回执之后才能从认证证书名单中"调取",并持续使用(《签名条例》第4条)。只有在整体研究了《签名法》和《签名条例》的复杂规定之后才能知道,只有当认证证书可持续地"调取"后才能进行合格的电子签名。与控诉法院的观点相反,如果律师信任认证中心使用指南中的明确表述,就不能让他因过错而承担责任。他很可能不知道《签名条例》,因为《签名条例》的使用对象主要是认证中心。控诉法院的对立观点夸大了律师的注意义务和信息义务。

诉讼代理人对签名卡的使用不存在疑虑。其中可能产生问题的是,法律如何评价用新卡在4月7日至25日进行的传送,这一点控诉法院并没有提到,也未对其进行质疑,而是将其驳回。法律抗告合理地指出,无论如何,传送记录已经给人造成某种印象,认为传送具有合格的电子签名,是成功了的,因为传送确认了存在合格的认证证书。

第二节　评　　析

随着技术的发展,法律交往越来越多地使用电子形式的各种文书。

面对这一新事物,法院也必须对很多细节问题进行分析讨论,就像本案所展现的一样。本案中,原告以电子文档的形式向控诉法院提交了控诉理由书,控诉法院认为该书状的电子签名不合格,不符合《民事诉讼法》第130a条第1款第2句的规定,驳回了控诉。这里主要涉及两个问题:什么是合格的电子签名?合格的电子签名是不是决定性书状的生效要件?

一、合格的电子签名

没有在证书名单中开通认证证书时,是否可以进行《签名法》意义上的合格电子签名?为了更好地理解这一法律问题,有必要先了解合格认证证书发放的法律背景和技术背景。

在认证过程中要经过下面几个步骤:(1)申请颁发合格证书。(2)在认证程序中申请人被认定为可靠。根据它们的安全规程,由联邦公证员协会的认证中心通过被公证的签字进行认定。(3)接下来在认证中心对合格证书进行技术处理,将申请人进行归类,并将签名卡(安全的签名制作工具,《签名法》第2条第10项)和密码(后来单独寄送)寄送给申请人。(4)在收到签名卡的接收回执之后,合格的证书通过公共的签名审查密匙(《签名法》第2条第5项)可以在证书名单中随时查询。

在本案中,申请人没有及时将接收回执寄回认证中心,因此就出现一种情况:尽管还没有在证书名单中成功开通,但如果知道了密码卡就可以被替换。

合格签名证书的技术一方面可以证明所签文件有没有被改动,另一方面保证了安全地将证书归属到某个具体的人。证明改动是可能实现的,因为被签名的文件都有一个不可能混淆的数据手印(Hash-Wert散列函数),它只有证书持有人知道或者有私人的安全密匙。任何人都可以从认证服务提供者的证书目录中下载公共的密匙,用于解码。这种签名审核密匙会与签名者使用的私人密匙进行比对。通过这种在建立密匙组所运用的数学功能,保证了即使拥有公共密匙也不可能计算出私人密匙。为了长久地保证这种不可计算性,证书会在超过联邦信息技术安全局所规定的期限后被自动锁定,因此,必须在联邦信息技术安全局规定的周期内定期获取新的、在技术上经过改进的签名卡。只有当证书在证书名单中被开通之后，文件的接收者才能通过签名审核密匙查验签名者是谁，以及具有合格电子签名的文件是否被人改动。

联邦最高法院认为，还没有开通的证书不能制作《签名法》意义上的合格电子签名，这主要是根据《签名法》第5条第2款第2句的规定。据此，只有合格的证书才能被查验，签名密匙持有人只有在向认证服务提供者证实收到了安全的签名制作工具之后，才能被随时查询。有学者认为，联邦最高法院的观点没有说服力。即使在制作签名时还不能审核合格的证书，但仍然可以制作合格的签字签名。为此仅仅需要嗣后在证书名单中开通合格的证书，让其可以审核即可。[①] 这一观点主要有以下几个理由：

（1）《签名法》第2条第3项仅仅包含了合格签字签名的法律定义。立法机关并没有把在其制作时是否能够被审核定义为必要的组成部分。

（2）《签名法》第5条第1款第3句区分了以下几个概念：①合格证书的存在；②证书的可审核性；③可查询性。单从法律文句中就可以看出，持续不断地可查询性不是合格证书存在的必要条件。这些概念是分开使用的，他们之间不存在有效关联。《签名法》第5条第2款第2句也有相应的表述。可审核性和可查询性有什么区别呢？证书可审核的前提条件是，合格电子文件的接收人可以用证书目录中提供的签名审核密匙来审查表示的真实性和文件是否被修改。这一点接收人嗣后才能做到。而合格证书的可查询性指的是，该证书可被公众调取、复制和下载，更确切地说，它不取决于申请人是否从签名密匙持有人那里收到了合格的签字签名。基于信息自决权，认证服务提供者只能经证书持有人同意后才能让合格证书随时可供查询。

（3）《签名法》第7条第1款也可得出这一结果。该条封闭性地定义了合格证书的内容。根据第7条第1款第2项，合格证书必须与签

---

① Sebastian Apfelbaum. Anmerkung zum BGH-Beschluss vom 14. Januar 2010. DNotZ 2010，442-446.

名审核密匙相对应。签名审核密匙与某个合格的证书以及拥有它的申请人在技术上的相互对应，这在证书名单公布之前就已完成了。只要申请人得到了签名卡和密码，他就可以制作合格的电子签名。在技术上，它不取决于证书名单是否已经开通。如果名单嗣后开通，也可以嗣后再对表示的真实性和有无篡改进行审查。

（4）制作合格电子签名时可否在读卡器中输入密码进行审核，这不是合格电子签名是否存在的前提条件。可以想象，由于认证服务提供者在证书目录中的技术故障，可能导致签名审核密匙暂时无法查询。在电子公证文书中，合格的电子签名是其生效的前提条件，但该文书在将密码输入读卡器时就已算是制作完成了。可否通过证书目录对其进行审核无关紧要。

联邦最高法院还对以下问题发表了看法，使用者在使用签名卡时可否信任认证服务提供者的信息，联邦最高法院认为该信息有误，并构成申请回复原状的理由，因为使用者不存在有过错的行为。联邦最高法院还指出《签名法》过于复杂，尤其是《签名法》与《签名条例》的相互关系，《签名法》的规制对象是认证服务提供者，因而使用者没有过错。但从合格电子签名的专业使用者来看，这可以让他们松一口气，因为他们无需将《签名法》的许多细微之处都弄明白。但具备合格电子签名的基本知识，这对于公证员是不可缺少的。

二、合格的电子签名是不是决定性书状的生效要件

《民事诉讼法》第 130a 条第 1 款第 2 句的要求在某些文书中是不是不可或缺的生效要件？本裁定对这个问题作了肯定答复，并认为合格电子签名具有与签字相当的功能。

有学者指出，联邦最高法院将以电子形式传输的文书与传统文书一样对待，这一点值得肯定，但对于签名的要求却有些让人迷惑，因此此前判例已经放松了对签名的要求。②

② Reinhard Greger. Zur Frage des Unterschriftenerfordernisses trotz qualifizierter elekronischer Signatur-Anmerkung zur Entscheidung des BGH vom 14. 01. 2010 - Ⅶ ZB 112/08. JZ 2010,681-683.

对于传统的文书,判例提出的原则是,亲笔签名是强制性的生效要件。帝国法院在 1936 年就指出,这是一种"通行的民族意识",[③]联邦最高法院也将之确定为持续性的判例——这与《民事诉讼法》第 130 条第 6 项的字面意思相反。然而,自从开始允许以电报的方式提交文书,这一原则就已经开始松动。根据联邦最高法院在 2000 年作出的一项裁判,在以电脑发出的传真上,只需要扫描签名即可。[④] 其他几个联邦法院也有类似裁判。在新近的一些判例中,联邦最高法院通常认为,在控诉状原件上缺少签名并无大碍,只要其他的情形可以提供与签名类似的保障即可,即保证是诉讼代理人提起的控诉、他对控诉状的内容承担责任,并且是有意识地将文书投入流通的。[⑤] 因而,从结果上看,亲笔签名的要求已经被放弃了。

与这种明确的趋势相反,联邦最高法院现在指出合格的电子签名是强制性的生效要件,并没有类推适用此前的判例。其理由是,在本案中,虽然相关律师使用了颁发给她的有效签名,但根据《签名法》第 5 条第 2 款第 2 句,由于该签名证书没有开通,因此不能排除是其他人在使用签名卡和密码的可能性。

为了正确地理解这个问题,必须对合格电子签名的功能进行仔细考察。电子签名的目的在于,使其具有传统签字一样的效果,即让人能够确定,某个人以某项具体的内容发出了某项意思表示。它首先具有甄别功能。电子签名的甄别功能通过密码检验来完成,签名人的密码与认证中心的密码符合,即可确定是由签名人发出的。它还具有真实性功能,通过文本与签名的数学逻辑联系,可以保障文本不被嗣后修改。如果联邦最高法院希望将书面签字和电子签名同等对待,则应当在本案中肯定书状已有效递交。

此外,此前已有判例从书面形式的意义和目的出发在一定范围内

---

③ RGZ 31,375.

④ BGHZ 144,160=NJW 2000,2340.

⑤ BGH NJW 2009,2311;2005,2086;NJW-RR 2004,1364.

允许了例外。[⑥] 例如,在联邦最高法院 2005 年作出的一则判例中,在控诉状原件上缺少签名并无大碍,只要其他的情形可以提供与签名类似的保障即可,即保证是诉讼代理人提起的控诉、他对控诉状的内容承担责任,并且是有意识地将文书投入流通的。联邦宪法法院也指出,[⑦] 原则上书面形式的要求不要成为寻求法律者难以接受的负担。书面形式的要求本身并不是目的。期望联邦法院对于电子签名作出更加具体的解释。在上述案例中,联邦最高法院虽然表达了明确的意见,但例外的范围还不算很大。今后,人们也应当注意书面形式和电子形式的区别。如果已经满足了书面形式,则对于电子形式就无需提出特别的要求。联邦最高法院在 2008 年的一则判例中认为,以电子邮件递交的 PDF 文件视为已经满足了书面形式的要求,因为扫描的文书已经签了字,不再需要电子签名了。鉴于各联邦法院都对书面形式和电子形式进行了明确的区分,因而电子形式也是可行的。立法机关明确地将电子形式称为“一种新的诉讼形式”。

三、对实务的影响

这个裁定对事务有极大的意义,尤其是对所有的法院和诉讼代理人。本裁定完全改变了联邦最高法院在前期判决中的观点,对电子文档提出了严格的要求,尤其是增加了律师的负担,毕竟在电子签名这件事情上,律师也只是一个普通用户,不应比其他人具备更多的专业知识。很多法院目前都有电子信箱。具体的法院名单可以在网页 www.egvp.de 上找到。例如,在勃兰登堡的劳动法院就可以递交电子文件。柏林的劳动法院从 2010 年 4 月 1 日起也接受电子文件。《民事诉讼法》第 130a 条的文句在其他相应的法律中也可以找到。此外,本裁定还明确了以下问题:合格电子签名的基础是在其制作时有效的合格证书。签名密匙持有人必须向认证服务提供者证实他已收到安全的签名制作工具。没有开通的证书不能制作《签名法》意义上的合格电子签名。不合格电子签名的后果就是没有遵守必要的要求。不能以嗣后颁

---

⑥ Kloppenburg in:AnwK-ArbR,2. Aufl. , § 46c ArbGG Rn. 5f,11.

⑦ 04. 07. 2002-2 BvR 2168/00-NJW 2002,3534.

发的证书嗣后进行确认,也不能嗣后补签字。

涉及准备性书状时,《民事诉讼法》第130a条第1款第2句是一个必须性规定。联邦最高法院在理由中进行了详细阐述,这也与联邦最高法院此前关于准备性书状的要求是一致的。含有以递交或者送达开始生效的当事人表示的书状不仅“应该”签字,而且必须签字。[8] 这一点现在被联邦最高法院适用于电子文件。

---

⑧ 参见BGH,Beschl. v. 10. 10. 2006-Ⅺ ZB 40/05-NJW 2006,3784。

第十章　认诺判决

第一节　判决原文

《联邦最高法院民事裁判集》第 10 卷，第 333 页以下（BGHZ 10,333-340）

一、要旨

如果在被告作出认诺之后，原告表示不接受，但也不放弃认诺判决，而且申请在审查诉讼请求权的法律正当性之后对被告作出与争议相符的判决，则应当在裁判理由中写明，由于缺乏法律保护需要，不存在要求审查请求权法律正当性的请求权。法院应当根据在认诺之后提出的判决申请、基于被告的认诺对他作出与诉讼请求权相符的判决。

《民事诉讼法》第 307 条

第三民事审判庭，1953 年 10 月 8 日判决

原告：Dr. K

被告：Landkreis E.

Ⅲ ZR 206/51

第一审法院：慕尼黑第二州法院

第二审法院：慕尼黑州高等法院

二、事实

被诉县的县长办公室没收了原告的一辆汽车，并把它送到了县机动车处理中心。原告提出抗告后归还了汽车，但其中缺少了多个部件，致使车辆已无法使用。原告将其归咎于机动车处理中心员工，他要求被告承担失职和公法保管的责任。原告申请，判处被告给车辆配备详细列明的部件，并确认被告有义务偿付原告租赁车辆的费用。

被告抗辩称，机动车处理中心的员工在保管车辆时是属于一种跨越县界的行为，如果存在失职，应由国家承担责任。

州法院驳回了诉讼，理由是跨界职员的失职行为应由国家承担责任，而不是由被告承担，而且公法保管的义务也是由国家承担。原告对该判决提起了控诉，巴伐利亚州作为争议辅助人参加了诉讼。控诉法院驳回了控诉，理由是县不应是真正的被告。巴伐利亚州作为原告的争议辅助人向巴伐利亚州最高法院提起了上告，该法院宣布，该上告的审理和裁判应由联邦最高法院管辖。

在上告审理中，原告申请按照诉讼请求进行审判，被告则承认了起诉理由书中的主张，并认诺了所主张的请求权以及费用请求权。随后，原告和巴伐利亚州再次提出了他们的请求，并表示他们不接受认诺判决，但也不放弃认诺判决。被告答辩称，他认为现在可以作出认诺判决，至于本案是否终结的问题不会特别急迫，因为他们并没有放弃认诺判决。

本庭根据上告撤销了州法院的判决，并依照诉讼请求对被告县进行判处。

三、理由

1. 即使在上告审，认诺也是允许的（参见 Stein-Jonas，ZPO 17. Aufl. § 307 Anm Ⅱ; Rosenberg，Lehrbuch des Deutschen Zivilprozessrecht 5. Aufl. 1951 § 131 Anm I 1）。

2. 如果存在有效的认诺，则要问该认诺对于法律争议有何意义。认诺本身并不终结诉讼，因为它没有给予原告一种可执行的名义，被告尽管作出了认诺却没有自愿履行，原告还是需要有执行名义。立法机关没有选择与和解笔录(《民事诉讼法》第 790 条)相同的处理方式，以法院对认诺的笔录进行强制执行。原告只能以判决的形式才能获得对所认诺诉讼请求权的执行名义。《民事诉讼法》第 307 条规定，一方当事人在口头辩论中全部或部分认诺对自己所主张的请求权的，依照认诺进行判处。只有依照认诺作出的判处才算终结了本案(参见《民事诉讼法》第 99 条第 2 款的字面意思)。

认诺首先是承认原告所主张的事实正确(这一点当然已不再重要)，同时认可由这些事实派生出来的原告所主张的法律后果，原告以这些法律后果为基础提出了诉讼请求。认诺者像承认合理存在的请求权一样承认诉讼请求权。(RGZ 90，186［190］.)在此范围内，法院无需审查争议材料，因为对诉讼请求权的正当性已经不再存在争议。法院仅需审查请求权的合法性，因为它不能支持一项不可能的或者法律禁止的请求权，以及审查一些特别的诉讼前提条件是否成立，例如在确认之诉中审查法律利益——在本案中存在法律利益(参见 Stein-Jonas aaO § 307 Ⅲ；Rosenberg aaO § 131 I 5 a)。

上告认为，原告可以选择申请根据《民事诉讼法》第 307 条依照认诺作出判决，或者要求对诉讼主张中的事实真实性和诉讼请求权的法律正当性作出争讼判决。上告持这种观点的依据是，《民事诉讼法》第 307 条规定，可以“依申请”按照认诺对认诺方作出判决。在这一点上，上告错误地理解了这条规定的意思。法律规定，按照认诺作出判决需要申请，是因为原告在作出认诺之后根本不再需要判决书，或者因为他坚信被告反正会付钱。因此，法官就没有必要再对认诺之前提出的原始诉讼请求作出判决。

《民事诉讼法》第 307 条中规定的申请，并不是一项因认诺而新产生的请求权，不会因在认诺之后提出而获得特别的内容，它毋宁是与最初的诉讼请求相同的申请，只不过是重新再提一次罢了(参见 Stein-Jonas aaO § 307 Ⅳ bei Note 35)。因此，从《民事诉讼法》第 307 条中不能推导出原告有选择权，可以选择依照认诺作出判决或者选择对诉讼请求权的正当性作出争讼判决。

3. 在可以申请依照认诺作出判决的地方，另外赋予原告请求对诉讼请求权的正当性进行审查的权利，这也没有任何道理。当然，在依照认诺作出判决时，原告不会得到法官对诉讼请求权的正当性的裁判。因为，诉讼的目的除了保障法律和平之外，还要通过在个案中保护主观权利来维护客观的法，而不是为了正确合理地评判原告的请求权而引发对不需要讨论的法律问题进行裁判。如果原告可以申请作出认诺判决，而获得与自己的诉讼请求相应的判决，他就没有要求法院作出争讼判决的请求权。国家法院的时间和人员只允许个人在为其提供法律保护所需要的范围和程度上使用。如果原告通过更加便捷和廉价的途径也能达到目标，例如在认诺判决的情形中，他就没有法律保护的需要。在认诺判决中，事实构成和裁判理由都可以省略（《民事诉讼法》第 313 条第 3 款），在撰写书面的判决书之前就可以宣告（《民事诉讼法》第 311 条第 2 款）；法院不收判决费，律师减收辩论费（《法院费用法》第 20 条第 1 款第 3 项；《联邦律师费用条例》第 16 条）（参见 Schönke：Das Rechtsschutzbedürfnis 1950–Prozessrechtliche Abhandlungen Heft 17 S 13，38，49）。上告错误地引用了勋克（Schönke）在其论文第 22 页中的论述。在那里，勋克肯定了那些诉讼行为的法律保护需要，即可能影响诉讼法律关系和当事人受其影响的私法或公法状况的诉讼行为。但是，诉讼法律关系是诉讼当事人之间直接的关系，在认诺之后，这种关系不会受到上告问题的影响。因此，只要是在认诺之后提出的申请想要获得对诉讼请求权正当性的争讼判决，就不能支持（参见 Alberti，D. Gemein-U. WirtschRecht 1941，171［176］）。

上告所列出的理由分析了，对于本案这类情形中应由巴伐利亚的某个县负责还是由巴伐利亚州负责的问题，联邦最高法院为什么有必要进行裁判，对此也不会有不同的评判。原告作为公证员，也许可以在类似情形中为法律咨询者讲明情况，但要为了今后的情形对他作出抽象的法律阐明，却不是法院的事情。

在被告作出有效的认诺之后，巴伐利亚州所提出的理由也不会让本庭再对诉讼请求权的正当性问题以及本次争议中提出的有疑义的问题发表意见。巴伐利亚州认为这种意见对于维护法律统一和法律稳定是非常必要的。但由于对所有巴伐利亚的州高等法院作出的判决都应当向巴伐利亚最高法院提起上告(《民事诉讼法施行法》第 7 条第 1 款),如果巴伐利亚州最高法院宣布对本案这类法律纠纷有管辖权,就可以维护巴伐利亚州的法律统一,该宣告不可声明不服并且对联邦最高法院具有拘束力(《民事诉讼法施行法》第 7 条第 2 款、第 3 款),正如巴伐利亚州所陈述的一样。撇开本案的例外情形不谈,这已经是一种固定的实践操作。鉴于上告所描述的这种固定操作模式,在巴伐利亚州也谈不上什么法律不稳定。如果在那里有了一种判例并且可以继续发展,而这种判例与联邦最高法院在其他地方的判例不同,则在与本案类似的情形中可能对巴伐利亚州的国库利益不是什么好事情。但这种状况是设立巴伐利亚州最高法院的后果,当初设立巴伐利亚州最高法院的目的是让巴伐利亚的法官能够对巴伐利亚的利益,例如本案提到的,进行裁判。上告指出,保证包括巴伐利亚州在内的法律适用的统一是联邦最高法院作为上告法院的任务,这种观点是不恰当的。联邦最高法院没有义务仅仅为了对巴伐利亚州最高法院今后的判例施加影响,而对某些在具体案件中没有要求阐明的法律问题进行讨论。综上所述,本案中没有理由无视认诺而对诉讼请求权的正当性进行裁判,并以此对是否可以不管被告的认诺作出判决,以及巴伐利亚州是否承担责任的问题进行裁判。究竟会不会出现这种情形,即尽管存在认诺也有必要并且能够对请求权的法律正当性进行审查,对此可以暂且不论。

4. 上文表明,不能如上告所追求的那样,对诉讼请求权的法律正当性作出判决。但本案中,原告也没有放弃依照认诺作出的判决。认诺以后重新提出的申请要求法院根据最初的诉讼请求判处被告。在被告认诺起诉所主张的请求权之后,这种申请应当予以支持,因为认诺使所要求的判处变得正当合理。这样一来,就不能违反《民事诉讼法》第 308 条,判给原告所没有请求过的东西。判决书应当与诉讼请求权完全一致。判决也不能从原告没有主张的实体法角度作出,因为仅应判给原告在诉讼中所主张的请求权。在依照认诺的判决中也应对最初提出的请求权进行裁判,而不是对认诺之后才新产生的请求权进行裁判。对此施泰因-约纳斯(Stein-Jonas)已有论述[Stein-Jonas(§ 307 Ⅳ bei Note 35)]。

斯图加特州高等法院认为(Württ Jahrbuch Band 29,118[120]),在作出有效认诺之后,如果原告坚持要求通过争讼审理作出判决,应当驳回诉讼。对此本庭不敢苟同。认诺只是终结了关于请求权正当性的争议,但没有终结争议本身。《民事诉讼法》第160条第2款第1项规定认诺会"终结"被主张的请求权,也是在这个意义上谈的认诺。驳回被告所承认的请求权是没有道理的。原告无视认诺的存在,要求对诉讼请求权的正当性作出争讼裁判,可以在判决理由中作为不合法而拒绝。

5. 由于被告会被依据诉讼请求判处并且没有立即认诺请求权,所以由他承担第一审和第二审的费用。他还得承担上告程序的费用,如果在认诺之后还是申请了依照认诺判处,就可能产生费用(《民事诉讼法》第91条、第93条)。认诺以后,本庭还对双方当事人关于认诺是否生效的争议进行了审理,对是否能够不管认诺、依照上告的请求对诉讼请求权的正当性作出判决的问题进行了审理。在诉讼中,双方当事人的诉讼目标不同,本庭对这一点也进行了裁判。由此产生的争讼审理以及在此范围内的争讼判决的额外费用由败诉的原告承担(《民事诉讼法》第91条)(参见Baumbach-Lauterbach, Kostengesetze 11. Aufl. 1953 § 20 GKG Anm. 5)。根据《民事诉讼法》第101条,巴伐利亚州辅助参加诉讼产生的费用由被告在所承担的法律争议费用范围内承担。其余的由辅助参加人自己承担。

第二节 评 析

本案中,原告在被告认诺其请求权之后,还希望法院对诉讼请求权的正当性作出争讼判决,这与《民事诉讼法》第307条的规定不相符。

联邦最高法院在判决中较为详细地说明了，在可以依照认诺作出判决的地方，为什么不存在对请求权的正当性进行审查的法律保护需要。对于这个问题，重要的是要正确认识认诺的性质和效力。

一、认诺的性质和效力①

认诺是被告向法院作出的、承认原告所主张的请求权全部或者部分存在的单方表示。它是被告的表示，即使提起的是否定性确认之诉，它随时都可以作出，包括在上告审；其效力是，经申请必须按照认诺进行判决（第 307 条）。因而，认诺的意义在于成为判决基础，而不是赋予原告新的实体基础。诉讼法上的认诺与私法上的认诺不同，诉讼法上的认诺是一种诉讼行为，直接以诉讼标的本身为标的，法官没有任何适用法律的空间，只能依申请作出认诺判决。认诺与自认也不是一回事，尽管两者有很多相似之处。自认不仅可以由被告作出，而且也可以由原告作出。此外，自认在上告审中不能再作出。法官的法律适用不是多余的。即使对所有创设诉讼的事实进行自认，也不能使诉讼本身显得正当，自认与（出于法律理由或者因为抗辩而）驳回诉讼的请求完全不冲突。与此相反，只有当它除了审查其本身是否合法而正确地作出表示之外，不准许法官进行任何实体法律适用，才构成认诺，因此，认诺必须没有任何限制地表示，并且不能与出于实体理由而要求驳回诉讼的请求联系在一起。

认诺并不终结诉讼，尽管《民事诉讼法》第 81 条、第 83 条、第 160 条第 2 款第 1 项有这样的字面意思，而仅仅具有以下效力，即法院［包括商事法庭的审判长（第 349 条第 2 款第 4 项），或者控诉审的准备型独任法官（第 524 条第 3 款第 1 项）］必须依原告的请求作出支持诉讼的终局判决，也就是认诺判决。该判决“依照认诺”（第 307 条）或者“基于”认诺（第 311 条第 2 款第 2 句、第 708 条第 1 项）而作出，也就是说，法官既不能审查诉讼主张的真实性也不能审查其说服力，而只能审查认诺的合法性和事实构成，以及审查一般诉讼前提条件是否构成，因

① 本节内容参见［德］罗森贝克、施瓦布、戈特瓦尔德：《德国民事诉讼法》，李大雪译，中国法制出版社 2007 年版，第 1004~1010 页。

为认诺判决是对本案的判决，既不能审查证书诉讼的特殊前提条件或者如果认诺在上诉审表示，也不能审查上诉的特殊前提条件。认诺不生效或者没有正确表示的，则必须通过中间判决（第303条）或者在（以后）终局判决的理由中拒绝认诺，但如果缺乏诉讼前提条件，例如缺乏确认利益，则尽管存在认诺仍然必须将诉讼作为不合法而驳回。

认诺判决在判决主文尚未写成时就可以宣告并且可以以简短形式制作。如果它根据第307条第2款未经言词辩论而作出，则以送达判决代替宣告。认诺判决每次都依职权宣布为临时可执行。判决应当注明认诺判决的称谓。认诺判决的解释仅仅以诉讼陈述，尤其是诉讼请求，和认诺表示为准。认诺判决也可以因为基础请求明显不正确而得到更正。

只要原告坚持自己的实体请求，则应当基于认诺而对被告进行判处。2001年的《民事诉讼法改革法》取消了特别申请的要求，并以此证实了此前就已经存在的实际操作。要求作出争讼裁判的权利不存在，但认诺必须与实体请求相符。被告仅仅是部分认诺的，也可能作出部分认诺判决。原告在认诺表示之后改变其诉讼的，不能作出认诺判决。只有在原告没有提出有效的实体请求而作出认诺判决时，该判决才违反第308条，并可以经上诉而被撤销。

如果程序结束之前还没有作出认诺判决的，则认诺丧失效力，它最多可以成为其他诉讼中的间接证据。在根据第307条第2款书面表示认诺的情形中，认诺判决不经言词辩论作出。书面认诺的效力也保留到程序结束。

二、后续发展

在杜塞尔多夫州高等法院的一则判例②中，法院认为应当对要求确认的请求权进行实体审查，并指出联邦最高法院在本案中的法律观点已经过时。该判例解释道，如果法院可以自行对案件进行实体判决，只是因为缺乏诉讼前提条件而粗暴地驳回，这一点不符合当事人要求“尽快作出确认的法律利益”。换言之，法院不能太官僚主义。

② OLG Düsseldorf, Urteil vom 26. November 2003-I-15 U 5/03, 15 U 5/03-, juris.

三、巴伐利亚州最高法院

在本案中的判决理由中，联邦最高法院还针对巴伐利亚州最高法院发表了略带讥讽的意见。联邦最高法院认为，当初设立巴伐利亚州最高法院的目的是让巴伐利亚的法官维护巴伐利亚州的利益，而本案的情况却表明这种设立“独立王国”的做法可能对巴伐利亚州的国库利益不是什么好事情。巴伐利亚州最高法院 1879 年设立，负责该地区的所有上告的审判，几度解散后，1948 年在美国的支持下，又得以恢复。该法院对该地区的民事和刑事案件具有终审权。它是德国境内唯一的行使保留权的州最高法院，联邦德国成立以后该法院得以保留。它是巴伐利亚独立性和传统法律文化的象征，2006 年 6 月 30 日，巴伐利亚州以财政负担过重为由解散了该法院。

第十一章　诉讼和解与既判力

第一节　判决原文

《联邦最高法院民事裁判集》第 79 卷,第 71 页以下(BGHZ 79,71-76)

一、要旨

某一诉讼和解终结诉讼的效力已由有既判力的判决所宣告的,原则上不能再在新的法律争议中主张和解在实体法上无效。

《民事诉讼法》第 974 条第 1 款第 1 项,
第 322 条第 1 款,《民法典》第 799 条

第八审判庭 1980 年 12 月 3 日判决

原告:R.

被告:H.

Ⅷ ZR 274/79

第一审法院:柏林州法院

第二审法院:柏林州高等法院

二、事实

当事人对用益租赁关系终结后的清偿请求权

发生争议。

原告的父母,卡尔·R和玛丽·R夫妇于1960年12月13日签订用益租赁合同,将他们在自己租赁房屋内开办的光学专业商店,连同办公设备、仓库和顾客名单一起租给被告。

卡尔·R在1966年3月27日去世,遗产由其妻子继承,他的妻子也于1973年9月4日去世了。她的继承人是原告的未成年子女,原告被指定为遗嘱执行人。

开办光学商店所在房屋的管理人于1974年3月31日通知解除了租赁合同。原告努力争取签订新的合同,如有必要与被告一起作为共同承租人。然而,出租人则更希望与已在实际使用该房屋的被告签订合同,时间从1974年4月1日开始。被告于1974年6月28日写信通知原告,自1974年年底开始解除用益租赁合同。

1975年4月,原告起诉要求支付滞纳的租金18,965.13马克与利息。在法律争议中双方当事人于1975年10月22日签订了以下和解协议:

“被告向原告支付9000马克,作为补偿起诉的债权以及1960年12月13日所订用益租赁合同中所有的双务请求权。经被告同意,该金额的缴付方式为原告先收取汉诺威储蓄银行中的押金及其利息,余额(差额为9000马克)由被告以现金方式支付。”

被告向原告支付了和解余额中的1490.91马克。

1975年10月31日,原告以律师函的形式要求被告告知,他是否愿意以及以何种条件接受属于继承人所有的设施物品、办公设备、仓库和顾客名单。被告以存在诉讼和解为由拒绝了原告的请求权。原告随即在1976年2月13日以书状的形式声称自己对和解存在错误认识。州法院1976年9月23日作出判决,判定该法律争议已由1975年10月22日的和解终结。对此原告没有提起上诉。

原告起诉要求被告交还顾客名单、办公设备、仓库和商店,并且同意原告加入使用租赁合同,在不可能返还的情况下要求损害赔偿。此外,他还要求支付用益补偿。最后,他请求禁止被告复制、保留或使用顾客名单的誊印件或影印件。与此相对,被告声称已经签订了诉讼和解。

州法院驳回了诉讼。控诉法院在将原告的控诉发回重审之外,判令被告向原告支付22,000马克作为继续使用顾客名单的补偿。

原告在上告中没有胜诉。附带上告的结果则是恢复州法院的判决。

三、理由

1. 控诉法院认为,1975年10月22日的诉讼和解与主张在本案中诉求的请求权不矛盾,即在控诉法院看来,根据《民法典》第2205条第3款和解是无效的,因为它包含了原告作为遗嘱执行人的无偿处分。实体法上的不生效力也会导致诉讼和解作为诉讼行为无效。尽管在前程序中已经存在1976年9月23日的判决,但原告仍然可以提起诉讼,因为该判决对于现在提起的请求权不产生既判力效力。该判决的既判力仅仅限于导致前诉讼已经被和解终结,但并不会致使原告请求权的成立与否只根据(无效)和解的标准来判断。

2. 这种论证并非没有法律错误。

a)前诉在1976年9月23日作出的有既判力的判决并没有对现在的诉讼请求进行裁判,而仅仅是对此前所订和解的争议终结效力进行了裁判。

b)控诉法院认为,只有在1975年10月22日的诉讼和解不生效力的情形下起诉才能具有正当性,这是正确的。该和解中包含了遗嘱执行人的无偿处分,这是否可以得出和解不生效力的结论,尚不能确定,因为该诉讼和解,连同其中所包含的实体法上的约定无论如何都是可存续和有效力的。

c)前诉在1976年9月23日作出的判决对该诉讼和解的争议终结效力进行了有既判力的确认。这也会影响实体法约定的效力。

aa)诉讼和解有双重特性,因为它既是一种诉讼行为也是一种实体法意义上的法律行为(BGHZ 16,388,390;28,171,172;41,310,311;本庭1967年7月5日判决Ⅷ ZR 66/65=NJW 1967,2014;1970年12月

16日判决Ⅷ ZR 85/69 = NJW 1971,467;1971年11月3日判决Ⅷ ZR 52/70 = NJW 1972,159 = WM 1971,1550;1974年1月10日判决Ⅲ ZR 2/72 = LM ZPO § 794 Abs. 1 Ziff. 1 Nr. 21 = MDR 1974,567;BAG 3,43,44;4,84,85;9,319,322;BAG JZ 1961,452,453)。由此可以推知,如果某和解因为实体法原因而无效或者可撤销,则也会剥夺其程序法上终结诉讼的效力。因此,在对终结争议的效力进行裁判时也必须审查和解的实体效力。

本案中,该和解还包含了原争议之外的此前没有发生诉讼系属的请求权。即使在这种情况下,在诉讼效力对实体效力的依赖性方面也没有什么特殊之处,因为这里也应当认为,诉讼系属的终结要取决于终结争议的实体约定的效力。

诉讼和解的"双重性质"并不是说,应当把它划分为相互并列存在的一个诉讼行为和一个法律行为。诉讼和解毋宁是一个整体,关于其效力的争议必须从实体法方面和诉讼法角度来进行判断(BAG JZ 1961,452,453)。此前最高法院的判例都仅仅让人看到了诉讼和解的诉讼效力对实体约定的依赖性。然而,这种依赖是相互的。

联邦最高法院的判例承认,诉讼和解在实体法上的无效性或者可撤销性只能在签订和解的程序中主张(参见 BGHZ16,388,390;28,171,172;41,310,311;本庭1967年7月5日判决Ⅷ ZR66/65 = NJW 1967,2014;1970年12月16日判决Ⅷ ZR 85/69 = NJW 1971,467;1971年11月3日判决 Ⅷ ZR 52/70 = NJW 1972,159 = WM 1971,1550;1974年1月10日判决Ⅲ ZR 2/72 = LM ZPO § 794 Abs. 1 Ziff. 1 Nr. 21 = MDR 1974,567;BAG 3,43,44;4,84,85;9,319,322;BAG JZ 1961,452,453)。如果该争议已被有既判力的判决判定,法律争议已有效终结,则其中所包含的实体法约定也就变得不可攻击。至于这种判决是否也包含了对和解的实体效力有效确认(《民事诉讼法》第322条),可以暂且不论。

因此,1976年9月23日的判决向双方当事人作出了和解已经终结诉讼的生效确认之后,原告不能再对其中包含的实体约定提出质疑。

bb)前诉法院作出1976年9月23日裁判的依据是,原告已无权声明不服。然而,它在这里承认了原告的同一陈述,尽管只是从声明不服的角度。原告现在希望从该陈述中推导出和解根据《民法典》第2205条第3句不生效力,因为他误解了事实上的经济效果。关键的是,该法院从原告毫无变化的陈述中没有得出和解不生效力的结论。假如原告提出了新的事实来证明和解在实体法上不生效力,又该如何裁判,这里可以暂且不论。

3. 之后重要的问题只是,本案诉讼中所主张的请求权是否也已被和解终结。这一点被控诉法院以恰当的理由所肯定。和解中所选择的表述清楚明了,不能作其他解释。根据该表述,当事人可以从用益租赁合同中得出的所有请求权都应当终结,并且已经终结。

4. 综上所述,由于1976年9月23日的判决已经证实了诉讼和解,原告对被告不再享有任何请求权。

第二节　评　　析

本案中,原告对诉讼和解的性质和效力有所误解,而联邦最高法院作出了明确的解释。尽管诉讼和解本身并没有既判力效力,但在它受到有既判力的判决所加强后,不仅法律争议被有效终结,而且诉讼和解所包含的实体法约定也变得不可攻击。

一、诉讼和解的性质

诉讼和解是"双方当事人之间,或一方当事人与第三方之间为解决法律争议,对于诉讼的全部或者诉讼标的的一部在德国法院所订立的"和解(《民事诉讼法》第794条第1款第1项)。对于诉讼和解的法律性质存在四种观点:

较老的一种观点认为,诉讼和解是披着诉讼外衣和具有诉讼上效力(结束诉讼)的私法和解。不过,由于诉讼和解的直接主要效力发生在诉讼领域(结束诉讼),诉讼合同的前提条件在这里(也)成立。

相反的观点认为,诉讼和解是纯粹诉讼上的事实构成。但这一观点受到以下事实的反驳,即当事人经常通过和解也改变了实体法律状况。

还有一种观点认为,在诉讼和解中同时独立地并存着私法上的和解与抽象的终结诉讼的合同(所谓双重事实构成说)。这种观点不符合当事人的意思。当事人希望以特定的私法内容结束诉讼。终结意图和私法内容彼此相连、不可分离。因此,使私法和解与抽象的诉讼终结合同孤立地相互并存是站不住脚的。

通说认为诉讼和解具有双重性质,它既是私法合同又是诉讼合同。由于当事人希望以一定的实体法内容结束诉讼,所以和解既有实体法上的主效力又有诉讼上的主效力。因此它是具有双重功能的合同。

从诉讼和解的这种双重性质中产生了大量的问题,在解决这些问题时,首先应当考虑当事人的利益,但也要考虑程序安全的要求。只有诉讼和解在诉讼上和实体法上的前提条件都成立时,它才是有效的。

二、诉讼和解的效力

如果达成诉讼和解并且只要它还有效,它就有时具有实体法上的效力,有时具有诉讼上的效力。

1. 实体法效力

从实体法上,诉讼和解根据其内容通常是修订当事人之间此前的债权债务关系;只有在特殊的约定中,此前的债权债务关系才被新的关系代替(债务更新)。根据《民法典》第127a条,当它以合法的形式订立时,可以取代做成公证文书。

诉讼和解也满足模拟做成文书的要求,也就是说,订立合同时要求双方当事人同时在场(亦即与《民法典》第128条不同,例如在第925条、第1750条、第1770条、第2276条、第2290条中)。对于土地所有权移转合意,第925条第1款第3句明确规定,该合意也可以在法庭和解中表示。

向法院或官厅或者相对它们作出表示的要求(《民法典》第1491条第1款第1句、第1492条第1款第2句、第1662条、第1945条、第1955条)不是形式要求,而是对表示对象的规定,因此该要求必须与做成文书同时满足。

2. 诉讼上的效力

（1）在诉讼上，（符合形式要求所订立的）诉讼和解作为和解终结法律争议，并以此结束诉讼系属（无需法院的裁判），即使该和解不能执行。然而，《民事诉讼法》没有在任何地方命令诉讼结束，但第81条、第83条和第160条第2款第1项却隐含了这一层意思，而且第98条的费用规定也以诉讼结束为前提条件。此外，第794条第1款第1项提到，和解是为解决法律争议而订立的，该条所规定的和解的执行力就是结束诉讼之目的已经实现的一个证据。

总体和解具有特殊性。通说认为，通过总体和解，所有未决的程序都自动结束，当事人不需要实施其他的诉讼行为。但在其面前订立了和解的法院应当将和解的订立通知其他法院。不过，当事人也可以在诉讼和解中约定，结束其他的程序还需实施其他诉讼行为，如撤诉等。

（2）只要它具有可以执行的内容，诉讼和解就是执行名义（第794条第1款第1项）。

对和解的强制执行根据第795条进行。任何强制执行措施都是可能的，然而第894条不能适用。和解中作出某一表示的义务只能根据第888条执行，或者可以根据和解提起给付之诉。

和解无效时强制执行的停止类推适用第707条、第719条。

三、诉讼外和解与可执行的律师和解

诉讼和解要与诉讼外和解及可执行的律师和解相区分，尽管它们之间存在一定的相似性。

1. 诉讼外和解是指起诉之前订立的和解协议，当事人没有履行而发生诉讼，受益方可以诉请履行和解债权。对处于未决状态的法律争议，诉讼外和解没有直接效力；其诉讼后果根据和解的内容和当事人随后采取的诉讼行为确定。作为其后果，多数时候当事人会一致宣布法律争议已经终结。然而，原告需要执行名义的，程序也可以继续进行，以便获得该名义。当然，当事人也可以通过采用了诉讼外和解的内容的诉讼和解来结束法律争议。

原告在和解中负有撤诉或者撤回上诉的义务的,则经被告抗辩,违反合同继续进行诉讼是不合法的。如果原告所主张的债权由于诉讼外和解而消灭或者随后得到履行,原告也可以单方面宣布法律争议已经终结。反之,原告没有宣布这种诉讼后果的,被告可以将诉讼外和解作出补充性防御手段纳入诉讼,并使其驳回诉讼的请求(部分)以此为依据。如果不清楚当事人追求何种诉讼后果,则法院应当对此发问(第139条)。关于诉讼外和解之内容和效力的争议应当在原始程序中裁判。

2. 为了促进诉讼外的争议解决并且减轻法院的负担,同时满足权利人获得名义的利益,1990年的《司法简化法》在旧法第1044b条、现在新法第796a条中规定,对任何请求权都可以订立可执行的律师和解。以前,只有在抚养费案件中根据《社会法法典》第8编第59条第1款第1句第3项、第4项,第60条对非婚生之女的抚养费和分娩费以及子女母亲的扶养费可以免费制作这种庭外的执行名义。相同的表示以前可以根据《做成文书法》第62条向初级法院作出。在其他案件中,当事人虽然本应当可以根据第794条第1款第5项做成可执行的公证文书,但他们双方都已经有律师代理,所以这种途径不是特别受欢迎。

现行《民事诉讼法》规定,当事人可以在律师的层面上以可执行方式达成和解。这种和解可以在起诉之前订立,但也可以在发生诉讼系属之后订立,其要求是和解以书面订立并且由双方律师签字。当事人的补充签字不再是必需要求,但多数情况下仍然是有益的。在和解中,债务人必须明确表示愿意接受即时强制执行(第796a条第1款)。

和解可以在有管辖权的受诉法院前以裁定宣布为可以执行(第796b条)。但可执行宣告也可以经双方当事人同意与可执行的公证文书一样进行(第796c条):和解经双方当事人同意由在有管辖权的法院辖区内办公的公证员保存的,则该公证员也可以进行可执行制作。

在上述两种情形中,如果和解不生效或者承认和解将违反善良风俗或者公共秩序,应当拒绝可执行宣告(第796a条第3款、第796c条第1款第2句)。

四、诉讼和解在德国的发展情况

本案从侧面反映出德国民众对于诉讼和解并不十分了解。有学者指出,与其他国家相比,德国社会的“诉讼化”程度更高。[①] 德国的立法机关也认识到,在德国的法律传统中,纠纷调解文化不充分。当事人合意解决矛盾的手段没有得到充分利用,虽然这些手段通常比诉讼的裁判能够更快、更低廉地解决矛盾,同时有助于当事人之间实现更长久的和平。[②] 鉴于此,2001 年《民事诉讼法改革法》引入了法定调解制度。

1. 强制和解制度的引入

2001 年改革之前,按照旧法第 279 条的精神,法院应当注意在程序的每个阶段促使争议得到和好的解决。至于法院怎样完成这一任务,则由它自由裁量。法院为了试行和解,可以把争议交给受命法官或者受托法官,也可以命令当事人亲自到庭试行和解,但当事人即使不出庭也没有什么后果。在诉讼中促成和解的时机是否已经成熟、是进行和解谈话还是作出书面的和解建议以及什么样的建议容易让当事人愿意和解等,都是各个法院自己的感觉问题。《民事诉讼法改革法》强制法院在言词辩论之前加入和解协商(第 278 条第 2 句),除非已经在法院外的调解机构试行过和解或者和解协商明显无望。和解协商必须传唤当事人出庭,与进行言词辩论一样,他们也有义务出庭进行和解协商。如果不出庭,可以准用第 141 条的规定对其进行罚款。和以前的做法一样,法院也可以将当事人交给受命法官或者受托法官进行和解协商。

2. 改革的效果

立法理由书称,当事人之间在诉讼早期的合意解决是纠纷解决中最有效,同时又是最受人欢迎的一种形式,劳动诉讼程序中调解期日一直保留了下来并且对调解期日的高和解率(1997 年为 39.6%)做出了贡献,因此引入该规定可以期望它取得积极的效果,改变当时各地参差不齐的、初级法院 9.4%(1998 年)和州法院 16.4%不尽如人意的和解率。2002 年联邦统计局的统计结果表明,联邦各地的和解率依然参差不齐,以和解的方式解决纠纷的在初级法院为 12.3%,州法院为 20%。

---

① 郭树理:《德国法律文化散论》,载《德国研究》2000 年第 3 期。

② BT-Dr 14/980, S. 1.

联邦司法部最终的评估报告显示,2004 年和解率分别上升到 17.6%和 21.5%。[③] 它显示了一种良好的发展趋势。在所调查的案件中,初级法院 58%的案件和州法院 64%的案件都采用强制性和解协商程序。在这类案件中和解结案的比例更高。

与庭内诉讼和解相比,庭外和解却似乎还没有站稳脚跟。根据 1999 年制定的《民事诉讼法施行法》第 15a 条,各州立法机关可以在一定的案件中(在初级法院提起的诉讼标的额在 1500 马克以下的财产纠纷、一些相邻案件、一些侵害名誉权的案件)规定类似于法院调解的庭外强制性前置调解程序,便于减轻法院的负担。这样规定的目的在于"更好地利用稀缺的司法资源,同时维持和促进法律和司法的亲民、透明和和平功能"。[④] 学术界对这一强制性前置调解程序的批评意见居多,[⑤]而且根据最初的调查,该规定在实务界的效果也并不良好。[⑥] 该程序主要存在以下问题:

第一,该条规定并没有实现减轻法院负担的效果。在威斯特法伦州,一方面,一个季度只有 323 件调解案件,这一数量仅占初级法院受理案件的很小一部分;而另一方面,很多纠纷都"逃向"督促程序,该州使用督促程序的数量从 1999 年的 237 万件上升到 2001 年的 265 万件,因为该州规定,如果请求权已经在督促程序中进行过主张,就无需再经过强制调解程序。[⑦]

第二,进入调解程序的案件,其和解率在 15%以下,这也并没有为法官减轻多少负担。

第三,当事人在调解程序中还需要支付额外的费用。调解机构的

---

③ Hommerich/Prüttingen, Rechtstatsächliche Untersuchung zu den Auswirkungen der Reform des Zivilprozessrechts auf die gerichtliche Praxis, S. 276.

④ BT-Dr 14/980, S. 1.

⑤ Wesche, MDR 2003, 1029; Feix, Die Verankerung einvernehmlicher Streitbeilegung im deutschen Zivilprozessrecht, Diss. Köln, 2003.

⑥ 参见 Lauer, Erfahrungen mit der außergerichtlichen Streitbeilegung in Ausführung des § 15a EGZPO, NJW 2004, 1280。

⑦ 参见 Lauer, Erfahrungen mit der außergerichtlichen Streitbeilegung in Ausführung des § 15a EGZPO, NJW 2004, 1281。

服务不是免费的，另外，律师在每件调解的案件中也需要收取30欧元左右的费用。

强制性和解协商是从劳动法院诉讼中借鉴而来的制度，改革者对它寄予了很高的期望，调查结果证明，引入强制性和解协商尽管使纠纷调解文化有所改善，有学者也认为一审改革的目标大体上实现了。[⑧]但仅仅通过将和解思想制度化来持续提高和解的比例以及使该制度受到法院和市民的广泛认同是不大可能的，还必须继续改进某些结构性缺陷，例如，对庭外和解制定统一的实施细则，放松时间上限制以及争议额和案件种类的限制，同时防止可能出现的规避行为。[⑨] 通过书面接受法院的和解建议达成和解在实践中很快被证明是一种成功的模式。2004年《联邦律师费用报酬条例》的修订对和解率的提高也起到一定的积极作用，只有律师在法定和解协商中至少取得和达成诉讼和解一样的费用，才能保证和进一步提高该制度的接受程度。

---

⑧ Bamberger, Die Reform der Zivilprozessordnung-eine Wirkungskontrolle, ZRP 2004, 137.

⑨ Hommerich/Prüttingen, Rechtstatsächliche Untersuchung zu den Auswirkungen der Reform des Zivilprozessrechts auf die gerichtliche Praxis, S. 277.

第十二章　控诉程序中的事实认定

第一节　判决原文

《联邦最高法院民事裁判集》第 162 卷，第 313 页以下(BGHZ 162,313-320)

一、要旨

1. 关于控诉法院受一审法院的事实认定(本案：证据评价)拘束的问题(BGHZ 160,83 的延续)。

2. 上告程序不应当审查控诉法院在重新认定事实时是否遵守了《民事诉讼法》第 529 条第 1 款第 1 项中的前提条件(联邦最高法院 2004 年 1 月 22 日裁定Ⅴ ZR 187/03,NJW 2004,1458 的延续)。

《民事诉讼法》第 529 条第 1 款第 1 项

第八民事审判庭 2005 年 3 月 9 日判决

原告：K

被告：D

Ⅷ ZR 266/03

第一审法院：奥斯纳布吕克州法院

第二审法院：奥尔登堡州高等法院

二、事实

原告为经营旅店的被告供应饮料,她起诉被告要求支付无争议的饮料款 18,847.11 欧元及利息。被告表示要以多个对待债权来进行抵销,其金额超过了起诉债权。被告声称双方曾约定,每销售 100 升啤酒他就会获得一定的返款。州法院在就被告所声称的协议询问证人之后,认为对待债权成立,所以驳回了诉讼。原告提起控诉,州高等法院重新进行了证据调查,否定存在争议的抵销债权,支持了部分的利息请求。获准上告之后,被告请求恢复一审的判决。上告未获成功。

三、理由

Ⅰ. 控诉法院的论证如下:它自己对抵销债权是否存在进行了事实查明,因为对于一审事实认定的正确性和完整性存在具体的怀疑。基于重新实施证据调查的结果,控诉法院不能以必要的肯定性形成确信,认定双方在 1997 年真正达成了被告所声称的返款协议。虽然被告的妻子在再次询问时确认了这种说法,但她的陈述不足以用来证明返款协议成立。因为,基于证人 O 的证言和其他——无争议的——案件事实情形,对于被告妻子证言的客观正确性存在明显的怀疑。控诉法院在下文更加详细地阐明该证据评价结果的理由。

Ⅱ. 上告指摘控诉法院的事实认定存在问题,未获成功,因此上告应当被驳回。

1. 上告认为,只有当一审的事实认定是基于法律错误作出时,控诉法院才能根据《民事诉讼法》第 529 条第 1 款第 1 项重新进行事实认定,联邦最高法院针对《民事诉讼法》第 280 条所作出的判例中承认为程序瑕疵的,才是这样的法律错误。由于一审法院的事实认定不存在这样的程序错误,所以控诉法院作出不同的事实认定违反了《民事诉讼法》第 529 条第 1 款第 1 项。这种认识不正确。

根据《民事诉讼法》第 529 条第 1 款第 1 项,控诉法院的审理和裁判必须以一审认定的事实为基础,只要不存在具体的依据怀疑具有裁判意义的认定不正确和不完整,并因而需要重新认定。从 2001 年《民事诉讼改革法》(BGBl. I S. 1887)所引入的这条规定中不能得出,控诉法院在一审事实认定方面的审查权限仅限于程序错误,因而与上告法院法对二审事实认定进行审查的范围一样。虽然《民事诉讼法》第529条第1款第1项明确规定,控诉法院原则上受一审事实认定的拘束,根据该规定的表述("除非……"),控诉法院重新进行事实认定仅仅是例外。这也符合立法机关的意图(《政府立法草案》,BT-Drucks. 14/4722 S. 100)。但是从立法资料中可以看出,这条规定是为了减轻控诉法院负担而制定的,原则上,一审法院事实认定的拘束力应限于那些一审已经"完整和令人信服地"认定的事实(BT-Drucks. 14/4722 S. 61)。因为,即使在民事诉讼改革之后,作为第二个——受到一定限制的——事实审,控诉法院的任务还是在于在具体案件中赢得"无错误的和令人信服的",因而是"正确的"(符合实质正义的)裁判(BT-Drucks. 14/4722 S. 59 f.;法律委员会的决议建议和报告 BT-Drucks. 14/6036 S. 118,124;本庭判决 BGHZ 160,83,92;161,138,143)。

与这个目标相适应,联邦议会法律委员会在立法过程中指出,为了作出正确的事实认定和作出实质公正的裁判,对控诉法院重新进行事实审查的前提条件不能要求过高(BT-Drucks. 14/6036 S. 118,124)。"合理的"怀疑应足以让控诉法院重新进行事实认定(aaO S. 124)这种考量导致了以下规定:如果有具体的依据对有裁判意义的认定的正确性和完整性产生怀疑,则控诉法院——与上告法院不同(《民事诉讼法》第559条第2款)——就已不再受前审事实认定的拘束(立法过程的详情参见本庭判决 BGHZ 160,83,91 ff.)。因而,与上告法的规定相反(《民事诉讼法》第559条第2款),前审事实认定没有犯程序错误,这还不足以让控诉法院受前审法院的拘束;如果有具体的依据表明认定不正确或不完整,即使在程序上无误地作出的事实认定也不会根据《民事诉讼法》第529条第1款第1项对控诉法院产生拘束力(本庭判决,见前注第92页及下页;也参见 BGHZ 158,269,275)。

不同的评判也可能产生对有裁判意义之认定的正确性和完整性的怀疑(联邦宪法法院2003年6月12日的裁定1 BvR 2285/02,NJW

2003,2524 unter Ⅱ 1 b;2004 年 11 月 22 日的裁定 1 BvR 1935/03,引自 juris,unter Ⅱ 1 a),尤其是,如本案一样,控诉法院对一审证据调查的结果与前审法院的评判不同(BVerfG,jeweils aaO unter Ⅱ 1 b.)。如果控诉法院不能信服前审证据评价的正确性,则不受一审证据评价的拘束。一审证据评价被视为不正确的,根据新的法律规定,控诉法院不仅有权进行新的事实认定,而且有义务这样做(BVerfG,jeweils aaO unter Ⅱ 1 b bzw. Ⅱ 1 a.)。

2. 上告又认为,控诉法院无权重新进行事实认定的另一个理由是,原告在控诉理由书中没有说明一审证据评价不正确的具体依据。在这一点上,上告也不能成立。

根据《民事诉讼法》第 520 条第 3 款第 2 句第 3 项,控诉理由必须包含具体的依据,来说明对声明不服的判决中事实认定不正确和不完整的怀疑,因而要求重新认定。这条规定促使控诉人必须详细地说出他认为一审事实认定不正确的理由,这样做可以防止在理由书中仅仅说一些套话,还可以达到限制控诉审中诉讼资料的目的(Zöller/Gummer/Heißler,ZPO 25. Aufl. § 520 Rdn. 33)。但这并不会导致,根据《民事诉讼法》第 529 条第 1 款第 1 项进行重新审查必须以与此相关的控诉责问为前提,如果在控诉理由中没有相应的说明,控诉法院就因此不能怀疑一审事实认定的正确性。因为,撇开某些程序瑕疵不谈,控诉法院并不受所主张的控诉理由拘束(《民事诉讼法》第 529 条第 2 款)。如果控诉法院不依赖当事人的陈述而仅仅基于法院熟知的事实已产生了怀疑,就应当直接调查对事实认定正确性和完整性的怀疑(BGHZ 158,269,279;Vgl. BT-Drucks. 14/4722 S. 100)。来自当事人一审陈述中的具体依据,即使没有成为控诉责问的标的,控诉法院也能够并且必须加以考虑(BGHZ aaO;Vgl. auch Zöller/Gummer/Heßler aaO § 529 Rdn. 12)。由此得知,控诉法院应当依职权对一审中所有的诉讼资料——包括证据调查的结果——在事实认定的正确性和完整性方面产生的怀疑进行审查。

况且,在本案中——与上告的观点相反——原告在控诉理由中对州法院的证据评价提出了非常具体的质疑，这完全可以成为怀疑一审事实认定正确性的理由。

3. 上告还责问，控诉法院重新进行事实认定在程序上有错误，因为控诉法院在本案中不当地认可了《民事诉讼法》第 529 条第 1 款第 1 项的前提条件；本条规定意义上的具体依据不存在。在这一点上上告也未获成功。

上告法院对控诉审重新认定事实的前提条件进行审查，在审查范围方面应当区别看待。一方面，如果控诉法院不当地否定了《民事诉讼法》第 529 条第 1 款第 1 项所规定的重新进行事实认定的前提条件，而被声明不服的裁判又是基于这种错误作出的（参见 BGHZ 159，245 und 255），上告可以以此为据；但反过来，如果控诉法院不当地认可了《民事诉讼法》第 529 条第 1 款第 1 项规定的前提条件，上告就没有道理了。

《民事诉讼法》第 529 条第 1 款的目的是把事实认定集中在第一审（参见 Zöller/Gummer/Heßler aaO § 529 Rdn. 15）。如果控诉法院自己重新进行事实认定（《民事诉讼法》第 529 条第 1 款第 1 项）或者允许提交新的陈述（《民事诉讼法》第 529 条第 1 款第 2 项结合第 531 条第 2 款），这个目的就不能实现。在上述情形中，控诉法院所认定或考虑的新事实可以作为下一程序的基础，无论控诉法院是否遵守了重新进行事实认定或者许可新陈述的前提条件（后一点参见联邦最高法院 2004 年 1 月 22 日的裁定 V ZR 187/03，NJW 2004，1458；Vgl. auch Zöller/Gummer/Heßler aaO m. w. Nachw）。因为，《民事诉讼法》第 529 条追求的目的并不是不要对实质真实进行认定。在控诉审限制事实认定，必然会对争取实质公正裁判的努力带来不利（参见 BVerfGE 55，72，94），但如果该限制所追求的诉讼经济的目标已经不再能够实现，就没有正当理由再进行限制（联邦最高法院 2004 年 1 月 11 日的裁定，见前注 unter Ⅱ 4 b.）。因此，上告审——在控诉审重新进行事实认定之后——不应再审查控诉法院是否适当地注意了《民事诉讼法》第 529 条第 1 款第 1 句的前提条件。就此而言，控诉法院许可新的事实陈述，上告法院也不必审查它是否遵守了《民事诉讼法》第531条第2款的前提条件(联邦最高法院2004年1月11日的裁定,见前注)。

4. 最后,上告对控诉法院所做证据评价提出的质疑也毫无结果。根据持续性判例,基于控诉法院的事实认定对上告法院的拘束力(《民事诉讼法》第559条第2款),上告法院仅能有限地审查,主事法官是否全面、不矛盾地分析了诉讼资料和证据结果,即他的评价是否完整和具有法律上的可能性,没有违背思想规律和经验法则(参见联邦最高法院1999年7月9日的判决V ZR 12/98,NJW 1999,3481,3482 unter Ⅱ 2)。上告没有指出这方面违反法律的行为。尤其是下述情况也不属实:控诉法院没有足够地知晓被告实施陈述的核心内容和证人的陈述,因此违反了被告的法定听审权(《基本法》第103条第1款)以及享有客观无恣意程序的权利(《基本法》第3条第1款)。控诉法院详细的证据评价以客观合理的考量为基础,没有法律错误。

第二节　评　　析

本案主要涉及控诉法院的审查范围问题。2001年7月27日的《民事诉讼法改革法》对民事诉讼程序的很多重要方面都进行了重新构建,其中之一就是让各上诉法院之间的职能更加清晰。根据立法机关的意图,经过改革,控诉审级被改造成为错误监督和错误排除的审级。控诉法院现在的任务是监督第一审判决正确地适用实体法,以及一审判决中事实认定的正确性和完整性。这样一来,一审法院作出的没有错误的认定原则上对以后的所有审级均有约束力。一审法院已经认定的事实,只有在控诉法院认为一定,而不是大概可能通过新的举证能够推翻时,才能重新调查。

作为新目标的后果,立法机关在很大程度上剥夺了控诉法院的自由裁量权,控诉法院对于已经作出的认定不再可以灵活决定是否重复认定,这种规定更加有力地将控诉法院拘束于一审的结果。这种解决方案是经过长期、激烈的法律政策讨论的结果。但法院总是千方百计地想突破法律的限制。本案充分显示了法院通过对法律的解释来达到自己才是最终司法者的目的。对此问题，有必要从历史的发展和司法机关的职能等方面来考察。

一、控诉法院审查范围的历史发展

在德国，长期的做法是控诉法院对第一审依职权进行各个方面的审查，而不限于诉讼当事人提出的控诉理由。一审上诉将会带来原审程序的复审，二审中既会审查事实问题也会审查法律问题。在二审中提出新的证据或者以全新的视角重新审查一审中已经提出的证据不仅得到了法律的许可，而且也是通行的做法。① 这样一来，当事人在争议标的额明显达到控诉限额的诉讼中，就会随便而漫不经心地参加第一审，而在第二审才"真正"开始诉讼。与欧洲各邻国相比，德国民事诉讼中这种耗时耗力的诉讼"重复"已经明显处于孤立地位。

当然，控诉审不是简单地对法律争议继续和重新进行审理。早在1924年和1933年的修订法中，新的陈述就逐渐在控诉审中被排除，目的在于使当事人尽量在一审中完全提出诉讼资料，从而进行事实认定和判决。1976年修订法进一步强化了这种排除规定，其主要目的是提高一审程序的威信，阻止诉讼当事人把主要精力推迟到第二审程序上。② 在司法实践中，商事案件上诉程序几乎不接受新证据，普通民事案件也极少接受新证据，只是在婚姻家庭案件中，二审接受新证据的情况比较普遍，因为接受新证据有利于一次性快速解决社会问题并节约司法资源；而且，随着一次次司法改革，德国模式的二审程序正在进一步将重心由事实问题移向法律问题。

1991年的《司法减负法草案》曾经打算引入许可控诉制，以抵制将诉讼移入"第二次一审"的现象，但这种努力没有成功。2001年《民事

---

① ［德］皮特・高特沃德：《民事司法改革：接近司法・成本・效率》，载安德里安A. S. 朱克曼主编：《危机中的民事司法》，傅郁林等译，中国政法大学出版社2005年版，第200页。

② 沈达明：《比较民事诉讼法初论》，中国法制出版社2002年版，第675页。

诉讼法改革法》打破了这一原则，此前"控诉是第二级事实审"的提法不再正确，控诉程序被重构为错误控制与纠正的机制，其目的在于控制一审中的法律错误和事实错误。这就意味着，那些在一审程序已经被令人信服地认定的事实，在控诉审中将不会再得到调查。在控诉审中，如果法院在审查了证据之后认为适当就应直接裁判，而避免将案件发回下级法院，以加快诉讼的进程。2001 年改革以后，审查主要集中在法律适用方面，新事实的提出在控诉审中受到更加严格的限制，只能例外地进入控诉审。[③] 此外，控诉法院还可以通过合议庭一致裁决驳回完全没有胜诉希望的控诉。[④]

二、现行法律赋予控诉法院的功能

2001 年，《民事诉讼法》进行了比较大的修订。根据现行的法律规定，控诉法院主要对以下几个事项进行审查：

1. 检查错误

控诉的任务不再是在当事人提出的请求界限内对一审的争议进行重新审理（原来的第 525 条、第 537 条如此规定），控诉的目的毋宁是检查一审裁判在法律上和事实上的错误，以及原则上作出实体上的新裁判对错误进行纠正（第 513 条、第 538 条第 1 款）。虽然在此之前，争议在控诉审中也绝不是完全重新审理的，更多的是在对一审的认定存在疑虑时对问题进行重新讨论并对此重新举证。但改革之后，控诉法院的自由裁量权变得更小。

2. 检查法律适用

和此前一样，控诉法院必须在当事人提出请求的范围内全面地对一审的法律适用进行重新检查，检查其实体法和程序法的因果错误。该检查不仅仅限于当事人所责问的重大违法行为（第 520 条第 3 款第 2 句第 2 项）。

---

③ Rosenberg/Schwab/Gottwald, Zivilprozessrecht, 16. Aufl., § 132, Rn. 22.

④ S. MünchKomm/*Rimmelspacher*, ZPO/Aktualisierungsband, 2. Aufl. 2002, vor § 511 Rn. 4; *Schellhammer*, Zivilprozeß, 9. Aufl. 2001, Rn. 957.

3. 检查程序错误

只有当事人在控诉理由书中对程序瑕疵进行责问时，控诉法院（和上告审一样）才对可舍弃的程序瑕疵进行审查。与此相反，违反非任意性的程序规范时，法院则依职权进行审查。

4. 检查事实认定的正确性或者完整性

与此前相反，新法规定，控诉法院的审理和裁判应当以一审法院所认定的事实为基础，只要对这种认定的正确性和完整性的具体怀疑没有根据并且不是必须要求作出新的认定。这种怀疑的具体根据大多由当事人在类似于上告的控诉理由书或者在附带控诉的理由书中提出。对这些根据不需要进行释明。但这些具体根据不是第 529 条第 2 款第 1 句意义上的必须责问的程序瑕疵。因此，控诉法院的检查就不受控诉理由书中责问的拘束，控诉法院也可以审查自己的怀疑，这种怀疑的根据可以从被声明不服的判决本身或者从众所周知或者法院周知的事实（第 291 条）中得知。

当事人只能在符合规定的控诉或者附带控诉理由说明书的框架内陈述对怀疑的根据。这些根据是来自程序错误的责问或者间接来自实体法律适用错误的责问，在所不问。

如果控诉法院认为具有裁判意义的认定的正确性有疑问，则必须对相应的当事人错误重新审理和举证。对完整性的怀疑通常要求对之进行补充，只有在怀疑没有涉及证据调查的这部分内容时，才允许使用一审的证明结果。一审的自认在二审中对当事人当然也有拘束力，只要这种自认没有根据第 290 条被撤回。只有在新陈述不是根据第 530 条、第 531 条应当被排除的情况下，当事人才可以提出新事实来证实对此前认定的怀疑。

纳入考虑的根据必须证实对一审认定的正确性和完整性的合理怀疑；怀疑不必具有“严重”的特征。不过，怀疑还必须要求重新认定。如果可能不同的认定不具有裁判意义，则不属于这种情况。为此目的，可以并且要求对新提供证据手段的证明价值进行预先评价。

5. 根据新事实纠正裁判

如果例外地必须考虑新事实,则对新事实也必须重复或者补充一审的证据调查。

三、本判决的突破和问题

1. 本判决的突破

联邦最高法院对《民事诉讼法》第529条控诉程序新规定的核心内容,作出了根本性的解释。一般认为,控诉审的作用不再是第二个事实审级,而是在于监督错误和排除错误。因而就产生了一个需要解释的原则性问题,即如果对一审法院事实认定的完整性和正确性不存在严重的怀疑,控诉法院是否必须按照一审法院认定的事实基础进行裁判。联邦最高法院认为,控诉法院应当具有相对较广的裁量范围,但本身也须仔细地审查符合规范的事实认定以及证据评价,即使控诉人没有对此提出责问。此外,它还认为,控诉法院对证据调查的不同评价已足以让其重新进行事实认定,对于控诉法院不法地再次调取证据因而不符合诉讼经济的行为,不能再撤销。⑤ 因为,取得实质正义的裁判比遵守形式上的程序规定更加重要。⑥

2. 学界的评价

对于本判决,大多数学者持肯定态度。例如,有学者讨论了控诉审在事实认定方面的权利和义务。虽然只有当对前审事实认定的正确性存在具体的怀疑时,才能重新进行事实认定,但联邦最高法院坚决否定将控诉审的审查权限仅限于程序错误的做法,强调了控诉审是第二个、有限的事实审级。对事实认定的审核不需要当事人提出申请,在存在怀疑依据时直接依职权进行审查。该裁判是与此前的裁判一脉相承的。⑦ 联邦最高法院延续了此前的判例,表明它还是希望控诉审继续保持为一个真正的第二事实审。支持者认为,这虽然与立法机关的意

---

⑤ Herbert Geisler: Weitere Tatsachenfeststellungen durch das Berufungsgericht unter Verstoß gegen § 529 Abs. 1 Nr. 1 ZPO nicht revisibel, jurisPR-BGHZivilR 21/2005 Anm. 6.

⑥ Hans-Joachim Heßler: Zur Auslegung des § 529 ZPO, BGHReport 2005, 866-867.

⑦ Kerstin Manteuffel: Die erneute Tatsachenfeststellung in der Berufung NJW 2005, 2963-2965.

愿不一致，但为了获得实质正义，这种做法还是值得肯定的。尤其是由于一审的人员配备不够强大，很多时候无法完整地认定事实，无法达到落实新的上告法所要求的效果。⑧

一审法院在违反程序的情况下获得的证据结果是引起控诉法院对其事实认定正确性和完整性怀疑的原因之一，但不是唯一的原因。控诉法院的功能不能像上告审一样，仅仅限于法律监督，控诉法院现在应当减负，但这仅仅是指不用对一审法院已经完整和有说服力地认定的事实进行重新认定。如果一审法院的事实认定有问题，控诉法院还是应当重新进行事实认定。联邦最高法院已作出多个判例，指出一审法院的事实认定对控诉法院没有拘束力。与此相联系，控诉法院就有义务重新进行事实认定。⑨ 联邦宪法法院在 2003 年的一则裁定⑩中指出，“如果怀疑有裁判意义的认定不正确或者不完整，这种怀疑可以来自（对证据结果）的不同评价，则根据法律的新规定必须重新进行证据调查”。

还有人指出，并非在一审法院犯了程序错误时才存在怀疑其事实认定的具体依据。控诉法院不能信服一审的证据评价也可以成为怀疑的理由。但如果一审法院有程序错误，则控诉法院就一定会怀疑其事实认定有问题。此外，该学者还赞同联邦最高法院的观点，即控诉法院不受控诉理由书中所述控诉理由的拘束，可以依职权对全部诉讼资料进行审查，看是否存在怀疑事实认定的依据。最后，该学者认为，与《民事诉讼法》第 521 条第 1 款的规定相反，尽管控诉法院重新认定了事实，但不能在上告审中撤销控诉判决。⑪

---

⑧ Christoph Fellner：Das Berufungsgericht als zweite Tatsacheninstanz MDR 2005，946-947.

⑨ Hagen Wolff：Zur Bindungswirkung nach ZPO § 529 Abs 1 Nr 1. ZZP 118，488-493（2005）.

⑩ Beschluss vom 12. 6. 2003-1 BvR 2285/02-NJW 2003，2524.

⑪ Wolfgang Grunsky：Zur Reichweite der Bindung des Berufungsgerichts an die erstinstanzlichen Tatsachenfeststellungen，LMK 2005，Ⅱ，70-71.

也有学者赞同联邦最高法院的判例结果,但不同意判决理由。[12]他认为,如果存在不同评价的可能性,控诉法院有权而且必须重新认定事实,这一点与法律规定的字面意思和目的都不相符。规范的字面意思要求,对于重新认定需要有具体的依据。控诉仅仅是监督错误和排除错误的工具。该裁判的后果是,如果提起合法的控诉攻击,控诉法院就必须依职权依据全部诉讼资料对一审判决的正确性进行审查。根据这个裁判,如果违反《民事诉讼法》第529条第1款,是否可在上告审中再次进行审查就成为一个问题。

上告审不再审查控诉法院重新认定事实时是否遵守了《民事诉讼法》第529条第1款第1项的前提条件。这一做法本身没有问题,因为该规范的目的在于,让事实认定集中在第一审法院,减轻控诉法院事实调查工作的负担。然而,如果需要控诉法院重新认定事实,则法院必须坚持它所认定的事实资料,否则就犯了新的程序错误,又会导致上告审撤销控诉判决。[13]

与支持者相对,有学者对此判决提出批判,指出联邦最高法院的这些判例与立法机关的改革意图背道而驰。[14] 他们认为,《民事诉讼法改革法》对上诉手段的新规定是很清晰的,改革的目的是通过程序的集中改善一审程序。评估数据表明,改革是成功的。而联邦最高法院对新法的解释却危及了改革目标的实现。联邦最高法院通过三个裁判,放松了无误的一审认定对二审的拘束力,这无疑会导致控诉审的数量重新回升。此外,从审判程序和上诉程序的功能划分来看,上诉程序的目的在于预防错误和控制错误,发展法律和保障法的统一。控诉法院过分追求对事实进行重新认定不符合这一目的。

---

⑫ Bruno Rimmelspacher: Zur Bindungswirkung des Berufungsgerichts aus § 529 Abs. 1 Nr. 1 ZPO, JZ 2005, 1061-1063.

⑬ Wolfgang Grunsky: Zur Frage der Berücksichtigung neuen Tatsachenvortrags in der Berufungsinstanz, LMK 2005, 154709.

⑭ Hannes Unberath: Der Zweck der Rechtsmittel nach der ZPO-Reform-Theorie und Praxis. ZZP 120, 323-345(2007).

3. 对实务的影响

这个裁判会增强法律寻求者对司法的信任。联邦最高法院延续了此前的判例，尽管存在限制性的规定，还是允许控诉法院在控诉审自己进行事实认定，以取得实质正义。这种做法会赢得实务界的赞许。[15]控诉审对事实正确性审查的范围应该比上告审要广得多。因为控诉法院的任务首先就是要在具体案件中作出正确的，即合乎事实的裁判，因而控诉法院不能毫无例外地受一审法院事实认定的拘束。因此，联邦最高法院在上诉法律制度改革之后仍然许可控诉法院自己（重新）进行事实认定，这是合乎逻辑的做法。此前也有类似判例，如当一审法院的解释没有客观上的说服力时控诉法院自己就对个体合同进行解释，[16]在对事实陈述无争议时允许提交新的事实陈述[17]等。现在，如果有具体的依据怀疑事实认定不正确或者不完整时，甚至在没有明确的控诉责问时控诉法院也自己重新进行事实认定。在上诉法律制度改革之后，其所追求的程序加速并不是最重要的，作出正确的个案裁判才是最为重要的。判例是否还会进一步许可其他有利于法律寻求者的例外情形，现在还不得而知。

---

⑮ 参见 Zöller-Gummer/Heßler，25. Auflage 2005，§ 529 ZPO. Rn. 15。

⑯ BGH，Urt. v. 14. 07. 2004－Ⅷ ZR 164/03.

⑰ BGH，Urt. v. 18. 11. 2004－Ⅸ ZR 229/03.

第十三章　上告的原则性意义

第一节　裁定原文

《联邦最高法院民事裁判集》第 154 卷，第 288 页以下（BGHZ 154，288－301）

一、要旨

1. 在说明《民事诉讼法》第 543 条第 2 款第 1 句的许可理由时，不能单纯地声称该案具有原则性意义。抗告理由必须着重分析对某一法律问题进行释明的必要性，以及它超越个案的重要意义。

2. 如果具有原则性意义（《民事诉讼法》第 543 条第 2 款第 1 句）的法律问题涉及某一即将失效的法律，则在不许可抗告的理由说明中也必须说明，最高法院的裁判对于未来同样可能具有指导意义，因为或者还会有大量的案件依据旧法裁判，或者该问题对于新法仍然具有重要意义。

3. 为了保障司法的统一（《民事诉讼法》第 543 条第 2 款第 1 句第 2 项第二种情形），即使控诉判决是基于某一可能损害司法公信力的错误作出的，则也应当准予上告，特别是控诉判决因有恣意禁止的特征而违反法律面前人人平等的原则（《基本法》第 3 条第 1 款）时或者侵犯抗告人的程序基本权利时（延续本审判庭 2002 年 7 月 4 日的裁定Ⅴ ZR 16/02，NJW 2002，3029 und Ⅴ ZR 75/02，NJW 2002，2957；与联邦最高法院 2002 年 10 月 1 日的裁定Ⅺ ZR 71/02，NJW 2003，65 有别）。

4. 因维护对司法的信任而作出的上告许可也不以法律错误是否显著为标准。只要从立法材料中可看出控诉判决“明显不正确”而有必要修改其结果，就涉嫌恣意的情形，控诉法院在解释法律或者适用法律时与法律基础相去甚远，以至于在任何可以想象的方面都不再站得住脚，因而从这意义上讲具有严重的错误。

《民事诉讼法》（2002 年）第 543 条第 2 款第 1 句
第 1 项和第 2 项第二种情形

第五审判庭 2003 年 3 月 27 日裁定
原告：M. u. T. B.
被告：H. u. S. H.
Ⅴ ZR 291/02

第一审法院：杜伊斯堡州法院
第二审法院：杜塞尔多夫州高等法院

二、事实

1998 年 7 月 7 日，被告一与其后来死去的丈夫（其继承人为被告二）通过做成公证文书的合同，将一栋 877 平方米的房地产以 430，000 马克的价格卖给原告，不承担任何保证责任。该土地上的房屋是双联房中的一栋，修建于 1920 年和 1930 年之间，1945 年以后扩建了一间。在出卖之前，被告一和她的丈夫已经在这栋房子里居住了二十多年。1999 年 1 月 4 日交付之后，原告就开始整修房子。在整修过程中，他拆除了石棉水泥板、石膏板和地毯后，发现房顶和墙壁上有很多裂缝。而且原告还断定，在地势陡峭的花园里堆放了乱七八糟的建筑垃圾，大约有 90 平方米。鉴于发现的这些房屋问题，原告让人把房子拆掉了。

原告要求被告赔偿瑕疵排除费用37,671.78马克、垃圾清运费用31,679.60马克以及补偿因九个月整修工作而无法使用房屋的费用13,500马克。州法院完全驳回了起诉,州高等法院判令被告赔偿已倒向邻居的共用墙面损失[《民法典》第463条第2句(旧)]5126.57马克,原告的其他诉求被驳回。州高等法院认为,不能认定被告已经知晓其他的房屋瑕疵和花园里堆放的东西。在房屋因不能使用而产生的损失方面,原告未能说明其原本计划并已经开工的整修工作在多大程度上被清除瑕疵所延误。上告未获得州高等法院的许可,对此原告提起了抗告,抗告也未胜诉。

三、理由

不许可抗告(《民事诉讼法》第544条)在程序上是容许的,但在实体方面,由于原告没有说明许可理由(《民事诉讼法》第543条第2款第1句),因而未能胜诉。

1. 与原告的观点相反,这里不存在法律案件具有原则性意义的许可理由(《民事诉讼法》第543条第2款第1句第1项)。

a)法律案件具有原则性意义,指的是该案件提出了在不确定的众多案件中都可能出现的具有裁判意义的、需要澄清的并且能够澄清的法律问题,因而影响公众对于法统一发展和操作的抽象利益(参见本庭2002年7月4日的裁定Ⅴ ZR 75/02,NJW 2002,2957;联邦最高法院2002年10月1日的裁定Ⅺ ZR 71/02,NJW 2003,65,68,BGHZ 152,182;2002年12月19日的裁定 Ⅶ ZR 101/02,NJW 2003,831;2003年1月7日的裁定Ⅹ ZR 82/02,BGHZ 153,154;关于《民事诉讼法》第574条第2款第1项参见本庭2002年7月4日的裁定 Ⅴ ZB 16/02,BGHZ 151,221及各种评注)。这些前提条件必须在抗告理由中予以说明(《民事诉讼法》第544条第2款3句)。在这里仅仅声称争议案件具有原则性意义是不够的。抗告人必须对法律问题、其裁判意义、澄清的必要性以及它超越个案的重要性进行具体分析。尤其需要阐述的是,所涉及的法律问题出于何种原因、在何种范围和哪些方面存在争议(参见联邦最高法院2002年10月1日裁定,见前注;同样适用于《财税法院法》第 115 条第 2 款第 1 句,参见 BFHE 196,30,35;BGH/NV 2001,1033;2002,51,52;213,214;352,353)。原告在抗告理由中的说明不符合这些要求。

b)即使不是为了澄清对于众多案件具有重要意义的法律问题,某个案件在下列情形也可能具有原则性意义,即该法律争议的其他影响,尤其是在事实方面和经济方面的重要性,不仅仅对于当事人的财产利益,而且对于公众也具有特别重要的意义(参见《民事诉讼法改革法政府草案理由书》,BT-Drucks. 14/4722 S. 105;联邦最高法院 2002 年 10 月 1 日的裁定,见前注;MünchKomm-ZPO/Wenzel 2. Aufl. Aktualisierungsband § 543 Rdn. 11;Hannich in Hannich/Meyer-Seitz, ZPO-Reform 2002, § 543 Rdn. 19)。然而,抗告理由也没有从这个角度指出应当许可上告。

2. 与原告的观点相反,允许上告也不是发展法律所必需(《民事诉讼法》第 543 条第 2 款第 1 句第 2 项第一种情形)。这一许可理由的前提条件是,个案可以推动制定解释某些程序法或实体法法律规定的原则,或者填补法律漏洞。对于由最高法院制定解释原则而言,这种契机仅存在于下述情形,即在对典型或者可推而广之的生活事实进行法律评价时完全或者部分缺乏指导性的指引帮助(关于《民事诉讼法》第 574 条第 2 款第 1 项参见本庭 2002 年 7 月 4 日的裁定 V ZB 16/02, BGHZ 151,221 及各种评论;2002 年 12 月 19 日的裁定 V ZB 31/02, NJW-RR 2003,132;关于《财税法院法》第 115 条第 2 款第 2 句第一种情形,参见 BFHE 196,30,35;BGH/NV 2002,51,52;682,683)。根据抗告理由的内容,本案也不符合这种情况,如原告已经引用本庭的判例进行了说明。

3. 此外,最高法院的裁判也并非保障统一的司法所必需(《民事诉讼法》第 543 条第 2 款第 1 句第 2 项第二种情形)。

a)首先,这一许可理由存在于有抵触的情形中,即当被声明不服的裁判与上级或者同级法院的裁判不一致时,或者是基于这种不一致而作出时。这种意义上的抵触仅仅是指,被声明不服的裁判对于同一个法律问题给出了与类似裁判不同的答案,因而制定了与类似裁判所制定并支撑该裁判的规则不同的法律规则(本庭2002年7月4日的裁定Ⅴ ZR 75/02,NJW 2002,2957;2002年7月25日的裁定Ⅴ ZR 118/02,NJW 2002,3180;2002年10月1日的裁定Ⅴ ZR100/02,WM 2003,259;联邦最高法院10月1日的裁定,见前注第66页;关于《民事诉讼法》第543条第2款第1句第2项第二种情形参见本庭2002年5月29日的裁定Ⅴ ZB 11/02,NJW 2002,2473 f. 2002年7月4日的裁定Ⅴ ZB 16/02见前注;关于《农业案件程序法》第24条第2款第1项参见本庭裁判BGHZ 89,149,151)。原告在其抗告理由中没有展示这一前提条件。虽然原告提出责问,认为控诉法院违反了本庭1991年7月12日作出的裁判,错误地认为出卖人根据《民法典》第463条第2句(旧)仅对那些能够证明其具有故意的损害项目进行赔偿。虽然这无论如何都是一种错误的、未能遵守最高法院判例原则的法律适用,但还没有理由说明它就是一种抵触(MünchKomm-ZPO/Wenzel 2. Aufl. Aktualisierungsband § 543 Rdn. 16;也参见本庭1977年7月1日的裁定Ⅴ BLw1/77,AgrarR 1977,387,388,对于《农业案件程序法》第24条的持续性判例;关于《劳动法院法》第72条第2款第2项参见BAG AP Nr. 33 zu § 72a ArbGG 1979)。

b)尽管保障司法统一的上告理由并不仅仅限于上述存在抵触的情形,但仅仅是控诉法院以本庭判例的标准来看作出了错误的裁判——这可能会对原告有利,这还未能满足上告理由的前提条件。立法机关引入这一许可理由,并不是要让联邦最高法院在任何情况下都要对下级法院裁判的正确性进行审查,并在必要时予以纠正,以便在这种意义上保障司法的统一。立法机关所要求的无疑是,上告法院的纠正裁判要具有超越个案的一般利益(参见《民事诉讼法改革法政府草案理由书》,BT-Drucks. 14/4722 S. 104;本庭2002年10月31日裁定,见前注第260页;关于《民事诉讼法》第543条第2款第1句第2项第二种情形参见本庭2002年5月29日的裁定Ⅴ ZB 11/02,NJW 2002,2473 f.,2002年7月4日的裁定Ⅴ ZB 16/02,见前注第3030页及各种评注)。

只有这种限缩解释才符合上告审新规定的目的(参见 Rimmelspacher, in Festschrift Schumann, 2001, S. 327, 331 f.; Wenzel NJW 2002, 3353), 即为了保持联邦最高法院的运行能力,只向那些具有超越个案意义的裁判开放上诉渠道——政府草案理由书即可证明(BT-Drucks. 14/4722 S. 66)。因为,在这些案件中,即使可能重复某些类似案件,对某些问题也必须进行回答,或者其他的公共利益也会受到严重的影响。

aa)为了使上述公共利益不受影响而需要修改错误控诉判决的一种情形是,要避免在判例中产生或者延续难以忍受的差别,这种区别不具有传统意义上抵触的特征。由此产生的需要最高法院作出指导性裁判的必要性必须有具体的根据,如持续的错误实践让人担心法院会重复这一法律错误,或者存在其他法院模仿的严重危险(参见《民事诉讼法改革法政府草案理由书》,BT-Drucks. 14/4722 S. 104;本庭 2002 年 7 月 4 日的裁定Ⅴ ZR 75/02;本庭 2002 年 10 月 1 日的裁定Ⅴ ZR100/02,本庭 2002 年 10 月 31 日裁定;关于《民事诉讼法》第 574 条第 2 款第 2 项参见本庭 2002 年 5 月 29 日的裁定,见前注第 2474 页;本庭 2002 年 5 月 29 日的裁定,见前注;本庭 2002 年 9 月 19 日的裁定,见前注;联邦最高法院 2002 年 9 月 4 日的裁定Ⅷ ZB 23/02, NJW 2002, 3783, 3784; 2002 年 11 月 27 日的裁定Ⅷ ZB 33/02, NJW-RR 2002, 229;关于《违反秩序法》第 80 条第 1 款第 2 项参见 BGHst 24, 15, 22)。在这种情形中,法律错误的严重性或重要性可能并不重要,因为这里须防范的毋宁是被重复或者模仿的危险(参见联邦最高法院 2002 年 10 月 1 日的裁定,见前注第 67 页)。根据原告的观点,控诉法院的法律错误具有象征性意义或者信号效果,他在抗告理由中却没有对此进行充分说明。

bb)公众需要上告法院作出纠正性裁判的第二种情形是,控诉法院所犯的法律错误可能会损害人们对司法的信任(参见《民事诉讼法改革法政府草案理由书》,BT-Drucks. 14/4722 S. 66, 104)。

(1)对于从这种角度作出的上告许可而言,关键不在于该法律错误是否非常明显,以至于每个人,或者至少是专业人士一眼就能看出

(参见本庭2002年7月4日的裁定Ⅴ ZR 75/02,见前注;2002年10月31日的裁定,见前注;联邦最高法院2002年10月1日的裁定,见前注;关于《民事诉讼法》第574条第2款第2项参见本庭2002年5月29日的裁定,见前注;关于《违反秩序法》第80条第1款第1项第一种情形参见BGHst 24,15,31;Göhler/Seitz,OwiG 13. Aufl. § 80 Rdn. 5 m. w. Nachw)。鉴于每个人的知识水平不同,每个具体案件在法律方面和事实方面的复杂程度和特殊性对于一些人来说具有决定性的意义,但这样所理解的严重性却难以进行合理的解释(参见Krugmann Jus 1998,7,10)。尤其是,对司法的信任并不会单单因为某一法律错误简单明了而受到危及。作为偶发的、不可避免的瑕疵,这种情况恰恰是能够被忍受的。与此相适应,政府草案在关于第543条第2款第1句第二项的具体说明(BT-Drucks. 14/4722 S. 104)中明确表示,对于为了保障司法统一而作出的上告许可而言,法律错误在形式方面是否明显并没有决定性的作用,关键要看错误的裁判在具体案件中是否侵犯了程序基本权利或者违反了恣意禁止,并因此而具有了重要性。政府理由书在关于重新拟定许可理由的一般说明中提到,进行结果纠正并不仅仅是侵犯了程序基本权利而要求的,也是因为控诉判决"明显不正确"而要求的(BT-Drucks. 14/4722 S. 67,104),这种说法只是讲恣意的情形,在这种情形中,控诉法院在法律解释或者法律适用时与法律基础相去甚远,以至于在任何可以想象的方面都不再站得住脚,因而从这个意义上讲具有严重的错误。

(2)存在严重的、危及公众对有效司法的信任的法律错误的情形主要是,控诉法院在解释和适用实体法或程序法的规定时违反了根本的、受宪法保障的正义要求,因而其裁判需要依宪法来进行修改(本庭2002年7月4日的裁定Ⅴ ZR 75/02,见前注;Rüsken DstZ 2000,815,819;Wenzel NJW 2002,3353,3356)。从这个角度来看,如果被声明不服的裁判因恣意禁止而违反了法律面前人人平等的原则(《基本法》第3条第1款),或者侵犯了抗告人的程序基本权利,尤其是法定法官的保障(《基本法》第101条第1款第2句)或者提供法定听审的请求权

(《基本法》第103条第1款),以至于该裁判毫无疑问会通过宪法抗告被联邦宪法法院撤销,就应当许可上告,以保障司法的统一(本庭2002年7月25日的裁定,见前注第3181页;联邦最高法院2002年12月19日的裁定,见前注;关于《民事诉讼法》第574条第2款第2项参见本庭2002年5月29日的裁定,见前注第3030页;关于《违反秩序法》第80条第1款第1项第二种情形参见BVerfG NJW 1992,2811,2812;Göhler/Seitz,OwiG 13. Aufl. § 80 Rdn. 16a;关于《财税法院法》第115条第2款第2项参见BFH/NV 2002,798,799;1474,1475;Rüsken DstZ 2000,815,819 f.)。通过这种方式,上告具有了可预防性地避免宪法抗告的功能(参见《民事诉讼法改革法政府草案理由书》,BT-Drucks. 14/4722 S. 104;本庭2002年7月25日的裁定,见前注;Wenzel NJW 2002,3353,3356)。因此,对于因控诉法院的法律错误而作出的上告许可而言,其前提条件与根据联邦宪法法院的判例可能对判决成功提起宪法抗告的前提条件相同。以联邦宪法法院的司法实践为准,这种做法可以让当事人足够确切地判断其上告的容许性,这也满足了法治国家对提起上诉的规定提出的尽量清晰、确定的要求(BVerfGE 54,277,292 f.;74,228,234;87,48,65;参见联邦最高法院2002年9月4日的裁定,见前注第3783页)。对于《民事诉讼法》第543条第2款第1句第2项第二种情形规定的许可理由是否具有足够的确定性,学术界存在各种怀疑(本庭2002年7月4日的裁定Ⅴ ZB 16/02见前注3030,3031;2002年7月25日的裁定,见前注;批评意见参见Scheuch/Lindner NJW 2003,728,730;Rimmelspacher,LMK 2003,11,12),这样一来,这些怀疑也就丧失了基础。本庭在以前的裁判中曾要求侵犯程序基本权利的行为必须“明显”,这并不是提出的额外要求,而只是与联邦宪法法院判例(参见BVerfGE 42,237,241;67,90,95;73,339,366;86,133,143;87,282,286;BVerfG NJW 1988,1456;2001,3533)为了解释违宪所要求的违法质量相联系的。

联邦最高法院第十一审判庭在2002年10月1日的裁定(Ⅺ ZR 71/02,NJW 2003,65,67)中,所持观点——虽然未在结果上,但在裁判理由中——与本案不同。该庭认为,在明显侵犯程序基本权利或者明显违反恣意禁止的情形中,如果不满足抵触、重复危险或者模仿危险的前提条件,就只考虑根据《民事诉讼法》第 543 条第 2 款第 1 句第 1 项的原则性意义来许可上告。根据该裁判的字面意思,《民事诉讼法》第 543 条第 2 款第 1 句第 2 项第二种情形不涉及公众对司法的信任,而只涉及判例是否统一。在此,该裁判没有充分地考虑到,任何有错误的法院裁判,不管它是否存在抵触、重复危险或者模仿危险,都会影响司法判例的统一性,因为它的法律适用与其他所有正确适用法律的法院都不一样(Büttner MDR 2001, 1201, 1203;也参见 Baukelmann in Festschrift für Erdmann, 2002, S. 767, 770)。因此,从更广泛的理解来看,为了保障司法的统一性,需要上诉法院对所有的错误裁判都要进行纠正(Rebmann/Roth/Herrmann, OwiG 3. Aufl. Stand: März 1998, § 80 Rnd. 4.)。然而,正如前文(3b)已提到的一样,这样做会影响联邦最高法院的运行能力,因此,在制定《民事诉讼法》第 543 条第 2 款第 1 句第 2 项第二种情形时,立法机关仅限于让那些会严重影响公共利益因而需要上告法院作出裁判的法律案件进入上告审。因此,与第十一民事审判庭的观点不同,本庭认为这里不是要创造一个在法律文本中没有体现的许可理由,而是对其文义可能有多种解释的法律规范根据其法律的目的所作的解释。影响司法统一性的法律错误是否可能损害公众对司法的信任,这一点对于认定公共利益具有重要意义,第十一民事审判庭也同样认可公共利益的必要性。如果会损害,根据立法机关的意思,保障司法统一的许可理由就应当能够让上告法院对有重大错误的控诉判决进行修改(参见《民事诉讼法改革法政府草案理由书》, BT-Drucks. 14/4722 S. 104;联邦最高法院 2002 年 12 月 19 日的裁定,见前注;Zöller/Gummer, ZPO 23. Aufl. vor § 542 Rnd. 5, § 543 Rnd. 8, 13; Hannich in Hannich/Meyer-Seitz 见前注, § 543 Rdn. 23)。据此,从《政府草案理由书》中也可以得出,《民事诉讼法》第 543 条第 2 款第 1 句第 1 项的原则性许可理由应当与其传统含义一起被纳入新法之中。至于把那些侵犯程序基本权利的情形也纳入上告许可的范围,这是《民事诉讼法》第 543 条第 2 款第 1 句第 2 项的许可理由才考虑的问题（BT-Drucks. 14/4722 S. 104）。

因此，本庭认为没有理由偏离自己迄今为止的判例，此外，它也是与绝大多数关于《财税法院法》第 115 条第 2 款第 2 项第二种情形的观点相一致的（BFH/NV 2002，51，52；213，214，682，683；798，799；802；1474，1475；1488；Gräber/Ruban，FGO 5 Aufl. § 115 Rdn. 68；Rüsken DStZ 2000，815，819；Spindler DB 2001，61，62；Lange DstZ 2002，782，784；对此发表看法的是 BFHE 196，30，34；37；BFH/NV 2002，666，667）。在这里，也不存在根据《法院组织法》第 132 条提交民事案件大审判庭裁判的理由，因为，法律错误是否具有宪法意义的责问究竟是应当归入《民事诉讼法》第 543 条第 2 款第 1 句第 1 项还是归入《民事诉讼法》第 543 条第 2 款第 1 句第 2 项第二种情形，这仅仅涉及裁判理由，对裁判结果却没有任何影响。由于不具有裁判意义，所以不容许提交给民事案件大审判庭裁判（联邦最高法院 2000 年 2 月 15 日的裁定 Ⅺ ZR 10/98，NJW 2000，1185 及各种评注）。

（3）在抗告理由中，原告没有说明控诉法院侵犯了他受宪法保障的权利。

（a）控诉法院没有违反恣意禁止。如果法官恣意地解释和适用实体法和程序法，就违反了《基本法》第 3 条第 1 款。仅仅有问题或者是错误的法律适用还不足以构成违反宪法的行为，甚至明显的法律错误也都不够。此处的要求毋宁是，错误的法律适用从任何可以想象的角度看在法律上都站不住脚，因而不能不得出它是基于不符合事实的考虑的结论；法律状况一定是以特别极端的方式被错误地评判（BVerfGE 42，64，74；67，90，94；80，48，51；87，273，278 f.；89，1，14；BVerfG NJW 1988，1456，1458；1999，1210，1211；1994，2279；1996，1336；1996，1531；1997，311；1997，649；1998，2583，2584；1999，207，208；2001，1125 f.；联邦最高法院 1999 年 11 月 25 日的裁定 Ⅸ ZB 95/99，NJW 2000，50）。这尤其——不仅仅——包括联邦最高法院迄今为止认为被撤销的裁判具有明显违法性的情形（参见 BGHZ 28，349，350；109，41，43 f.；119，

372,374;联邦最高法院 1985 年 10 月 1 日的裁定Ⅵ ZB 13/85;NJW-RR 1986,738;1987 年 6 月 24 日的判决Ⅳb ZR 5/86,NJW 1988,49,51;1989 年 12 月 14 日的裁定Ⅸ ZB 40/89,NJW 1990,1794,1795;1991 年 11 月 14 日的裁定Ⅰ ZB 15/91,NJW 1992,983,984;也参见 Lange DStz 2002,782,785,786)。

(b)控诉法院也没有侵犯《基本法》第 103 条第 1 款规定的为原告提供法定听审的请求权。虽然法定听审的要求使审判法院有义务听取和衡量诉讼当事人的陈述,其中也包括考虑重要的证据申请。但是,只有当具体个案显示,法院没有履行该义务时,才构成对《基本法》第 103 条第 1 款的违反。原则上应当认为,法院听取和衡量了当事人的陈述。法院没有义务在裁判理由中对每个陈述都进行明确的分析。因此,要构成对《基本法》第 103 条第 1 款的违反,必须有特别的情形明确地表明,可以毫无疑问地断定法院完全不知悉当事人的事实陈述,或者在裁判时没有予以斟酌(BVerfGE 25,137,140;47,182,187 f.;54,86,92;65,293,295 f.;69,233,246;70,288,293;85,386,404;88,366,375 f.;BVerfG NJW 1994,2279;NVwZ 1995,1096;NJW 1998,2583,2584;NJW-RR 2002,68,69)。原告在抗告理由书中没有阐明这类情形。

第二节 评　析

本案涉及的主要问题是上告许可的条件。2001 年的民事诉讼法改革引入了许可上告制度,施行了 120 多年的价额上告制度被一般许可上告制度所取代。改革前存在两种上告,获得许可的上告和争议金额达到一定标准的上告。而现在,不管争议价额是多少,所有的案件都只能根据明确的许可向联邦最高法院提起上告,许可可以由控诉法院在判决中宣布,也可以由联邦最高法院在对不许可抗告的裁判中宣布。上告是否可以获得许可,取决于该案件是否具有“原则性意义”或者为法律的统一发展和保障司法统一所必需(《民事诉讼法》第 543 条第2款)。

一、本裁定的意义

1. 对何为“原则性意义”进行了较为详细的阐释。

原则性意义是一个不太确定的法律概念。立法机关在立法理由书中对此有一个定义,即如果一个案件提出了若干其他案件也可能提出的值得裁判的、需要解释的并且能够澄清的问题,该问题触及了公众对于法律的统一发展和执行具有的抽象利益,则具有原则性意义。[①] 本案中联邦最高法院也采用了这个定义,以便于立法机关保持一致。尽管如此,学界和判例对此颇有争议。批评的意见主要是,[②]这个模糊的概念并没有因为司法和学术界都使用相同的定义而变得清晰,它使人们在提起每一个不许可抗告时几乎无法预料是否能够获胜。

2. 对什么是发展法律和保障司法统一所必需作出了解释。

发展法律所必需指的是,如果个案提供了为解释实体法或程序法的法律规定制定指导原则或者填补法律漏洞的契机,则应当为了发展法律而许可上告。而制定指导原则的必要条件是,案件涉及对典型的或者可以一般化的生活案件事实进行判断并因此可能为今后的案件指明方向。这些标准在很大程度上与原则性意义的标准是重合的。

保障司法统一的需要则首先出现在与现存最高法院的判例抵触的情形中。联邦最高法院在裁判理由中解释道,“这种意义上的抵触仅仅是指,被声明不服的裁判对于同一个法律问题给出了与类似裁判不同的答案,因而制定了与类似裁判所制定并支撑该裁判的规则不同的法律规则”。除此以外,联邦最高法院还指出,立法机关要求上告法院的裁判纠正要具有超越个案的一般利益,希望以这一法则包含其他法律适用错误以“代表性意义”超出个案地持续影响公共利益的情形,具体指的是错误判决可能产生被重复的危险或者模仿效果,或者损害人们对司法的信任。

---

① 参见 BT-Drs. 14/4722 S. 67,104。

② Bamberger, Die Reform der Zivilprozessordnung-eine Wirkungskontrolle, ZRP 2004, 137.

二、遗留的争议

联邦最高法院认为,在宪法抗告的框架下可以予以责问的法律适用错误才是具有原则性意义的错误,只有严格控制上告许可的条件才能保障最高法院的运作效率,对此存在不同意见。有学者认为,对于“原则性意义”许可标准的这种限缩性解释很难与司法保障请求权相符。他指出,这样狭义地解释上告许可理由并不恰当,尤其是如果考虑到本案裁定的范围,对许可规定的这种严格操作并不会减轻联邦最高法院的负担。③

还有人认为,保障司法统一不仅要求某个错误具有典型意义,而且要影响公共利益。联邦最高法院要求原告在不许可抗告中阐明这种错误,这一要求太高了。④ 该学者进一步分析了哪种违法行为是明显的,它与恣意是什么样的关系。本裁定关于违反程序原则或者恣意裁判的论述与联邦最高法院其他法庭的论述不一致,有必要通过大审判庭作出裁判来加以统一。⑤

本裁定的主要对象是何时构成保障司法统一的上告理由。结合此前(2002 年 10 月 31 日)和此后(2003 年 3 月 27 日)的裁判,联邦最高法院区分了三种错误,一是轻微的、不明显的错误;二是明显的,但还未违反恣意禁止的错误;三是恣意错误。第二种错误被许可上告的可能性较小。有人指出这种区分各种错误类型的做法不妥,毕竟对错误进行体系化的划分不是司法的任务。⑥ 还有人分析了联邦最高法院对上告理由的具体阐述,尤其是公共利益这一标准。其后把该裁判与联邦宪法法院 2003 年 4 月 30 日的裁判⑦进行比较,后者要求在违反法定听

---

③ Michael Schultz, Zur Frage der Voraussetzungen der Revisionszulassungsgründe BGHReport 2003,690-691.

④ Martin Ahrens Voraussetzungen der Revisionszulassung im Zivilrecht JR 2004,336-338.

⑤ Uwe Hoffmann, Zur Zulassung einer Revision, insbesondere wegen grundsätzlicher Bedeutung,WuB Ⅶ A § 543 ZPO 2.03.

⑥ Wolfgang Grunsky, Revisionszulassungsgrund der Sicherung einer einheitlichen Rechtsprechung,LMK 2003,156-157.

⑦ BVerfG 30.04.2003,ZIP 2003,1102ff.

审请求权时各专业法院也应当进行纠正,就这一点而言,联邦宪法法院的裁判已基本覆盖了联邦最高法院的裁判。⑧ 联邦宪法法院认为,违反程序基本权利的问题应该完全可以通过控诉和上告加以解决,各专业法院应当对违反法定听审原则的行为提供纠正机会,但联邦最高法院的做法并没有完全满足这种要求。通常情况下,程序错误应被承认为是上告的许可理由。⑨

在2001年改革之前,第三审(上告)不仅要服务于当事人就其案件获得正确、公平裁判的利益,而且也要服务于国家维护法律统一和发展法律的利益,它必须对实体法作出统一的解释和适用,并对实体法的正确适用进行监督。在程序法领域,也担负着使程序法统一适用和监督下级法院遵守程序规范的任务。因此,上告集中于联邦最高法院,判例和学说一致认为它兼负有保障个体权利和维护公共利益两方面的功能。⑩ 改革以后,立法机关希望通过更明确地划分上诉审级的功能,使联邦最高法院有别于控诉法院,集中精力澄清原则性的法律问题、完善法律和保障司法统一。上告审级已经不再为个案提供权利保护,而仅在于保障法律的统一和发展法律。⑪ 改革之初,许多学界和实务界的人士都批评此次改革为“不幸的改革”。⑫ 但经过一段时间以后,有学者认为这些目标部分实现了,而另一些却明显失败了。⑬ 而联邦司法部的评估报告则显示了令人欣慰的结果。⑭ 根据评估报告,上告法院的地位得到加强。联邦最高法院根据新的上告法和法律抗告法可以集

---

⑧ Bruno Rimmelspacher, Revisionszulassungsgrund der Sicherung einer einheitlichen Rechtsprechung, LMK 2003, 156-157.

⑨ Silke Scheuch, Richard Lindner, Rechtsbehelfe bei der Verletzung von Verfahrensgrundrechten, ZIP 2004, 973-981.

⑩ May, Die Revision in den zivil-und verwaltungsgerichtlichen Verfahren, 2. Aufl., Abschnitt I Rn. 38 ff.; Pfeiffer, NJW 1999 S. 2618.

⑪ 参见 MünchKomm/*Wenzel*, ZPO/Aktualisierungsband, 2. Aufl. 2002, § 543 Rn. 2。

⑫ Schneider, Die missglückte ZPO-Reform, NJW 2001, 3757.

⑬ Buttner, Verhandlungen des 65. Deutschen Juristentages, Bonn 2004, Bd. I (Gutachten), A44.

⑭ Hommerich/Prüttingen, Rechtstatsächliche Untersuchung zu den Auswirkungen der Reform des Zivilprozessrechts auf die gerichtliche Praxis, S. 283.

中精力澄清大量的原则性法律问题,这些问题在各州高等法院之间几十年来都没有取得一致意见。另外,联邦最高法院的先例判决创造了更多的法律安全,从长远来看,这一点可以促进更多的人采用和解的途径而不走上诉的途径。

第十四章　移交裁定的拘束效力

第一节　裁定原文

《联邦最高法院民事裁判集》第 190 卷，第 383 页以下（BGHZ 190，383-388）

一、要旨

1. 所主张的请求权已不再可能成为示范程序的标的时，移交裁定不再对州高等法院具有拘束效力。

2. 尽管存在个别错误和不当表述，但如果移交裁定仍适合作为实施示范程序的基础，则移交裁定对州高等法院仍具有拘束效力。

3. 移交裁定在证据手段的称谓、所提起请求权主要内容的描述以及所提出的攻击防御手段方面的错误和不当表述可以在示范程序期间排除，因而不能成为州高等法院撤销移交裁定、将案件发回诉讼法院重审的理由。

《资本市场法纠纷示范程序法》第 4 条
第 1 款第 2 句后半句、第 4 条第 2 款第 3 项和第 4 项

第二民事审判庭 2011 年 7 月 26 日在一个投资者

示范程序中的裁定

Ⅱ ZB 11/10

第一审法院:慕尼黑第一州法院

第二审法院:慕尼黑州高等法院

二、事实

法律抗告人——与单独程序中的其他原告一起——在州法院向被告一主张因临时报告不实而造成的损害赔偿。应原告的示范确认申请,州法院于2009年11月12日根据《资本市场法纠纷示范程序法》(下称《投资者示范程序法》)第4条第1款第1句裁定,请示州高等法院对所申请的确认事项——2000年3月22日的临时报告不实,由此可以根据《民法典》第826条向被告一和被告三主张因故意违反风俗造成的损害赔偿——进行裁判。

州法院移交裁定的理由转述了起诉书所陈述的被告一的前手权利人如何进入F1拉力赛的细节,以及作为投资者如何被2000年3月22日的临时报告所隐瞒的事实。然而,移交裁定中所称提起诉讼的时间以及相关诉讼陈述,例如发布临时报告后何时、在什么价位买入了被告一的股票等,与本案这些原告的情况明显不符,而是涉及某一原告在州法院平行程序中的另一个诉讼。

州高等法院2010年3月11日作出裁定,(OLG München ZIP 2011,51.)类推适用《民事诉讼法》第281条针对恣意移送裁定所发展出来的原则,撤销了移交裁定并将程序发回州法院另行审理和裁判。原告——受州高等法院许可——对此提起了法律抗告。上诉取得了成功。

三、理由

Ⅰ.州高等法院的理由如下:移交裁定有重大瑕疵因而不能作为对示范程序有用的基础。《投资者示范程序法》第4条第1款第2句的拘束效力不是毫无限制的,如果移交裁定有重大的程序瑕疵,如本案,则拘束效力丧失。在这一点上应当援用高等法院准用《民事诉讼法》第

281条对限制移送裁定的拘束力所发展出来的原则。是否因为该裁定对《投资者示范程序法》第4条第1款第1句的前提条件没有进行足够的确认，就应当因此而被撤销，可以暂且不论。因为，它反正对原告所主张请求权的内容、对所提交的争议点和它的裁判意义以及对攻击防御手段都没有进行足够的说明，这违反了《投资者示范程序法》第4条第2款第2项至第4项的规定。移交裁定理由中所列的原告陈述与本案的这些原告明显不符（数据不同、日期不同和起诉时间不同）。移交裁定中没有关于被告陈述和被告所提证据手段的任何东西。

Ⅱ.原告的法律抗告是容许的合法的，它在实体内容上也获得胜诉。根据《投资者示范程序法》第4条第1款第2句后半句的规定，州高等法院受慕尼黑第一州法院2009年11月12日移交裁定的拘束。

1.法律抗告是容许的，因为一审中的州高等法院在其被声明不服的裁定中作出了许可（《民事诉讼法》第574条第1款第1句第2项）。《投资者示范程序法》第4条第1款第2句前半句规定，对移交裁定不能声明不服，这与法律抗告的容许性并不矛盾。不得声明不服只针对移交裁定本身，而不适用于州高等法院拟撤销移交裁定的裁判。

2.根据《投资者示范程序法》第4条第1款第2句后半句，诉讼法院——根据《投资者示范程序法》第4条第1款第2句前半句不可声明不服——的移交裁定原则上对州高等法院是有拘束力的。与前审法院的观点相反，本案中这种拘束力既没有被限制也没有丧失。

a）不过，被声明不服的裁判认为，在某些情况下移交裁定没有拘束力，本庭同意这种看法。例如，所主张的请求权已不能成为示范程序的诉讼标的，就属于这种情况。此时不适用《投资者示范程序法》第4条第1款第2句（参见Fullenkamp in Vorwerk/Wolf, KapMusG § 4 Rn. 31; Parigger in Vorwerk-Wolf, KapMuG § 9 Rn. 7; KK-KapMusG/Vollkommer, § 4 Rn. 90；有相同结论的是柏林州高等法院2009年3月3日的示范决定4 Sch 2/06, juris Rn. 248, 258；关于不可根据《资本示范法》第7条第1款第4句声明不服参见联邦最高法院2009年6月16日的裁定Ⅺ ZB 33/08,ZIP 2009,1393 Rn. 10;2009年9月8日的裁定Ⅺ ZB 4/09,juris Rn. 5;2010年11月30日的裁定Ⅺ ZB 23/10,ZIP 2011,148 Rn. 10 f.)。然而本案却不是这种情况,本案所主张的请求权可以成为示范确认申请的标的(《投资者示范程序法》第1条第1句第1项)。确认2000年3月22日的临时报告不实并且可以根据《民法典》第826条向被告一和被告三提起因故意违反风俗所引起的损害赔偿,这有助于澄清因错误资本市场信息而产生的损害赔偿请求权的前提条件。

b)假如确认的目的是确认该请求权本身(参见联邦最高法院判例2008年6月10日的裁定Ⅺ ZB 26/07,BGHZ 177,88 Rn. 24),《投资者示范程序法》第4条第1款第2句后半句的拘束效力是否丧失,这里可以暂且不论。在本案中,移交裁定的确认目的不是在于确认《民法典》第826条规定的损害赔偿请求权,更为重要的问题明显是2000年3月22日的临时报告是否正确,以及产生请求权的各种前提条件是否存在。无论如何这里都存在《投资者示范程序法》第1条第1款第1句所允许的确认目的。

c)类推适用为《民事诉讼法》第281条第2款第4句发展出来的判例,这种拘束效力在恣意裁判的例外情形中是否也会丧失,州高等法院在此采纳了学术界的部分观点(参见KK-KapMusG/Vollkommer, § 4 Rn. 87;Hanisch,Das Kapitalanleger-Musterverfahrensgesetz[KapMuG]: Anwendungsfragen und Rechtsdogmatik 2011 S. 281),认为会丧失——也同样可以搁置不论。因为,州法院2009年11月12日的移交裁定不是该判例意义上恣意裁判,它仅仅是有一些简单的法律错误,这些错误不能成为击破《投资者示范程序法》第4条第1款第2句后半句所规定拘束效力的理由(参见Hanisch,见前注第285页及下一页)。

aa)根据联邦最高法院针对《民事诉讼法》第281条作出的判例,如果移送裁定是在违反法定听审或恣意禁止的基础作出的,就可能丧失拘束效力。只有当裁定一点法律基础都没有时,才构成恣意。例如,在对移送裁定进行理性评价时，它根据基本法的思想显得完全不可理解并且明显不能成立。然而，如果移送裁定只是内容不正确或者有其他错误，还不足以构成恣意（联邦最高法院 1978 年 3 月 15 日的裁定Ⅳ ARZ 17/78，BGHZ 71，69，72 f.；1987 年 12 月 10 日的裁定Ⅰ ARZ 809/87，BGHZ 102，338，341；1993 年 6 月 22 日的裁定Ⅹ ARZ 340/93，NJW 1993，2810，2811；2003 年 6 月 10 日的裁定Ⅹ ARZ 92/03，NJW 2003，3201，3202；2005 年 12 月 13 日的裁定Ⅹ ARZ 223/05，NJW 2006，847 Rn. 12 f.；2007 年 8 月 20 日的裁定Ⅹ ARZ 247/07，NJW-RR 2008，370 Rn. 6）。

bb）慕尼黑第一州法院 2009 年 11 月 12 日的移交裁定虽然不完整，内容上也有些错误，但谈不上是恣意的。尽管移交裁定存在个别的错误和表述不当，如果仍然可以作为实施示范程序的合适基础，它就不是恣意的。2009 年 11 月 12 日的移交裁定是合适的基础，因为它与《投资者示范程序法》第 4 条第 2 款的要求基本上是相符的。尤其是该移交裁定说明了确认目的（《投资者示范程序法》第 4 条第 2 款第 1 项）和争议点（《投资者示范程序法》第 4 条第 2 款第 2 项），包含对所提起请求权主要内容和对此提出的攻击手段的大致描述（《投资者示范程序法》第 4 条第 2 款第 4 项）。裁定中可以直接看到，其目的是要确认 2000 年 3 月 22 日的临时报告不实以及被告二和被告三存在《民法典》第 826 条框架下的知情。

d）州高等法院无权基于正确确认的瑕疵撤销移交裁定。该移交裁定存在瑕疵，因为它违反了《投资者示范程序法》第 4 条第 2 款第 3 项和第 4 项的规定，没有对被告的陈述以及对此提出的证据进行详细的讨论。此外，位于移交裁定理由之前的原告陈述明显不是属于本案这些原告和法律抗告人的。根据《投资者示范程序法》第 4 条第 2 款第 3 项和第 4 项，移交裁定必须包含所指明的证据手段，以及对所提起请求权主要内容和对此提出的攻击防御手段的大致描述。这几点内容旨在让州高等法院能够对示范程序进行准备。从这一点来看，移交裁定是为了对诉讼材料进行最初的梳理、归类和加工。但移交裁定所包含的事实主张和证据手段并不是示范程序最终的程序材料，最终的程序材料毋宁是来自示范程序当事人的陈述（KK-KapMusG/Vollkommer，§ 4 Rn. 62，Rn. 73 f. sowie § 9 Rn. 95 f.；也请参见《资本示范法》第 10 条）。因此，移交裁定在这方面的错误可以在示范程序期间被排除。

第二节 评 析

自 2005 年德国《投资者示范程序法》制定以来，已经产生了大量涉及该法的诉讼。该法的目的在于加强对资本市场上散户的权利保护，并通过这种预防效果强化投资者对于德国资本市场的信任。德国《民事诉讼法》之前没有规定这种形式的集体诉讼，因而自从该法颁布以来，联邦最高法院作出了大量的判例。鉴于它是民事诉讼法的一个新领域，所以该法一开始只是一个实验法，规定了一定的试行期限。最初是至 2010 年 10 月 31 日，后来试验期延长到 2012 年 10 月 31 日。联邦政府 2011 年 12 月 19 日提交了关于改革《投资者示范程序法》的草案，证实了《投资者示范程序法》是规范资本市场群体诉讼的有效工具，该法因而结束了试行期，从 2012 年 11 月 1 日开始正式施行。

本案主要涉及《投资者示范程序法》中所规定的移交裁定的效力问题。示范程序及移交裁定是该法规定的重要手段。当事人提出示范确认申请后，一审法院对相关条件进行审查，如果条件符合，则作出移交裁定，将示范确认申请移交给作为其上级法院的州高等法院审理。根据该法第 4 条第 1 款第 2 句，这种移交裁定对州高等法院具有拘束力。在实践中出现的问题是，如果移交裁定有瑕疵，这种拘束效力是否仍然存在？本判决即对相关问题进行了解释。

一、本案的意义

本案示范程序的基础是 2004 年在慕尼黑第一州法院提起的众多损害赔偿诉讼，他们的起因都是 2000 年 3 月 22 日的一则临时报告。根据两位原告在 2006 年 3 月 27 日提出的示范认定申请，州法院于

2009年11月12日根据《投资者示范程序法》第4条第1款第1句作出裁定，提请州高等法院裁判。但移交裁判的理由说明在某些部分没有针对请示程序的原告，而是涉及了平行程序的另一个诉讼。州高等法院认为该裁判具有重大的理由瑕疵，是恣意作出的移送裁定，因而撤销了该裁定，没有对《投资者示范程序法》第4条第2款进行实质内容的讨论。联邦最高法院将该程序发回州高等法院，要求按照示范程序进行重审。

联邦最高法院没有说明在出现恣意裁判的情况下拘束效力是否例外地丧失，因为在它看来州法院的裁判不是恣意的。移交裁定虽然有个别错误和漏洞，但它仍适合作为实施示范程序的基础，因而不是“恣意”作出的。移交裁定说明了认定目的（《投资者示范程序法》第4条第2款第1项）和争议的焦点（《投资者示范程序法》第4条第2款第2项）。此外还说明了证据手段（《投资者示范程序法》第4条第2款第3项），也对请求权的主要内容进行了简短的说明并提出了攻击手段（《投资者示范程序法》第4条第2款第4项）。它的认定目的不是确认存在《民法典》第826条规定的损害赔偿请求权，而只是要求确认第826条所规定请求权的各项前提条件成立。

这里涉及的问题是移交裁定的表述不够明确和完善。州法院的移交裁定仅仅是对争议材料做初步的梳理、规整和准备，其中所包含的事实说明和证据手段并不是示范程序最终的程序材料。州高等法院对移交裁定中的错误和遗漏进行的批评只涉及个别情况，它们虽然对于相关原告的因果联系和损害具有重要意义，但并不涉及具有普遍意义的示范程序。在示范程序中需要进行澄清的是，被攻击的临时报告是否正确、它是否可以被看作《民法典》第826条意义上违反风俗的侵权行为，以及被告对此是否知情。因此，联邦最高法院认为这些瑕疵可以在示范程序中排除，不应该简单地撤销移交裁定，将案件发回重审。

二、遗留的争议问题

根据《投资者示范程序法》，诉讼法院根据该法第4条向有管辖权的州高等法院作出移交裁定是开启示范程序的必要条件。根据该法第

4 条第 1 款第 2 句,这种移交裁定对州高等法院具有拘束力。联邦最高法院根据原告的法律抗告现在作出裁判,对请示的说明有瑕疵时拘束力如何处理的问题进行了解释。只要移交裁定说明了认定目的和争议的焦点,此外还说明了证据手段,也对请求权的主要内容进行了简短的说明并提出了攻击手段,就应当具有拘束力。

裁定虽然澄清了一些对于法律实践非常重要的问题,但同时也还有很多问题没有解决。裁定认为,一些可以消除的瑕疵不影响移交裁定的拘束效力。这种界定对于维持法律稳定值得肯定,也符合立法机关的意图,因为法律文句恰好规定的是不限制拘束效力。因而,原则上,即使移交裁定有一些小的瑕疵,州高等法院原则上也必须开启示范程序。但不清楚的是,州高等法院是否可以要求诉讼法院补充或者更正它所提交的材料。①

联邦最高法院明确表示,个别的错误和遗漏本身不会成为拘束力丧失的理由。但如果所主张的请求权不能成为示范程序的标的,则移交裁定丧失拘束效力。要求确认请求权本身,这种确认目标会不会导致拘束效力被取消,联邦最高法院没有回答。完全恣意作出的移交裁定会不会丧失拘束效力,联邦最高法院也没有正面回答,因为它认为在本案中诉讼法院不存在恣意的情况。此外,违背《投资者示范程序法》第 5 条规定的阻却效力而作出的第二次移交裁定对于州高等法院没有拘束力。在联邦最高法院作出本裁定之前,原告又向慕尼黑州高等法院提起了法律抗告,该法院以阻却期和移交裁定具有重大程序瑕疵为由驳回了抗告。

如果移交裁定所包含的请求权一开始就不能成为示范程序的标的,应当认定其没有拘束力,这会让实务界更踏实。然而不清楚的是,移交裁定所请求作出的认定目标本身就是无法认定的,在这种情况下拘束效力是否仍然存在,判例没有给出明确的答案,学术界倾向于否定

① vgl. Vollkommer, in: Kölner Kommentar zum KapMuG, 2008, § 4, Rn. 87.

拘束效力继续存在。[2] 人们期待着联邦最高法院对此作出裁判。

本案中一个十分明显的情况是诉讼周期特别长。从起诉开始计算已经超过了 7 年，从提交示范认定申请开始计算也已超过 5 年，2011 年还未对案件进行实质性的审理。联邦司法部在《投资者示范程序法》的改革建议中认为，资本示范诉讼的这种结构还会继续维持，并坚持将请示法院和州高等法院分开的做法，在州高等法院进行示范程序。不过，移交裁定可能会简化，示范程序的标的可能会扩大。这让一审法院可以更快地提出移交裁定。但另一方面，这意味着给审理资本示范程序的法庭增加了大量的工作。移交报告可能会在事实方面和法律方面都不会充分准备，而示范程序会越来越脱离它的基础程序，而成为独立的程序。因而，投资者示范程序法的改革是否会更加有效地处理资本市场法的群体案件，值得怀疑。[3]

对于初始程序的当事人，仍然适用联邦最高法院此前的判例，即他们应当促使和协助法院在移交裁定中全面正确地反映他们的陈述。其背景是，法院应当要提前听取他们的意见，这与联邦最高法院是否认为有瑕疵的移交裁定也有拘束力无关。总之，本次判例还留下了很多问题没有解决，期待联邦最高法院进一步对这些问题进行解释，以免当事人提出法律抗告。乐观的学者认为，[4]无论如何今后撤销移交裁定的情况会减少，这无疑会加快程序的进程。

---

② vgl. Vorwerk/Wolf-Fullenkamp, KapMuG, 2007, § 4, Rn. 31; Vollkommer, in: Kölner Kommentar zum KapMuG, 2008, § 4, Rn. 90.

③ Gregor Vollkommer, Anmerkung zum Beschluss des BGH vom 26. 7. 2011, Az. Ⅱ ZB 11/10–Zur Bindungswirkung des Vorlagebeschlusses im KapMuG-Verfahren EWiR 2011, 683–684.

④ Thomas M. J. Möllers, Erasmus Faber Grenzen der Bindungswirkung eines KapMuG-Vorlagebeschlusses und Suspensivwirkung der Rechtsbeschwerde im KapMuG-Verfahren NZG 2012, 581–584.

第十五章　缺席判决的变更

第一节　判决原文

《联邦最高法院民事裁判集》第185卷，第322页以下（BGHZ 185，322-330）

一、要旨

声称首次诉讼中缺席判决的（虚拟）基础状况发生了变化，这不会让法院根据《民事诉讼法》第323条对原判决进行变更。变更的条件无疑只能是，当时的实际状况发生了重大的变化。

《民事诉讼法》第323条第1款、第2款和第4款
《家庭非讼事件法》第238条第1款、第2款和第4款

第十二民事审判庭 2010年5月12日
在一家庭案件中的判决
Ⅻ ZR 98/08

第一审法院：莫恩初级法院
第二审法院：石勒苏益格州高等法院

二、事实

双方当事人对关于子女机动抚养费缺席判决

的变更发生争议。

原告是被告的父亲，他与被告的母亲2003年9月分居，2006年9月正式离婚。2005年2月7日的缺席判决判处原告向4个孩子支付抚养费，按照《基准金额条例》向每个孩子支付100%的基准金额。起诉状中载明的原告月纯收入为2255欧元。事实上，除去结婚补助和分割税优惠，原告的纯收入在2004年就只有每月1834.82欧元。2005年开始，当地每月对孩子的355.12欧元补助被取消，因而原告2005年的平均月收入为1523.77欧元。缺席判决于2005年2月10日送达原告，原告没有对此提出异议。

作为警察，原告2005年以及2007年都在轮班值守目标。他在变更请求中称，他2007年的平均月收入为1559.94欧元。

初级法院以不合法为由驳回了变更之诉，因为原告在缺席判决发生法律效力以来没有提出过其收入状况发生了改变。州高等法院也驳回了原告的控诉，原告获准对此提出上告，继续请求降低他的抚养义务。上告未获成功，两审法院以不合法为由驳回变更之诉是正确的。

三、理由

根据《非讼事件法改革法》第111条第1款，本案适用在2009年8月底之前施行的诉讼法，因为法律争议在这个时刻之前就已经启动（参见本庭2009年11月25日的判决Ⅻ ZR 8/08-FamRZ 2010,192 Tz.5）。

Ⅰ.州高等法院驳回了对一审判决的控诉，理由是没有出现允许变更现存抚养费名义的重大情况变更。

缺席判决不能随意变更。人们应当考虑如下情况，即原告本来可以对缺席判决提出异议，主张其月收入已经降低到1834.82欧元。在异议期届满之前，原告就已经知道，他2004年的实际月收入只有1834.82欧元。缺席判决所依据的收入与2004年的实际月收入之间的差额是420.18欧元，其因原告主张迟误而被排除。该金额还应当算入2007年的月收入之中，即变更之诉中，与抚养费有关的月收入应当认为是 1980.12 欧元。在考虑到原告养活自己所需的必要费用后，也会得出被告的抚养费请求权，它们无论如何不会比抚养费名义上的请求权低。

Ⅱ. 从结果上看，控诉法院的理由经得起上告的攻击。

1. 根据当时仍然适用的《民事诉讼法》第 323 条（现在为《家庭案件与非讼事件法》第 238 条），任何一方当事人都可以申请变更判决，修改未来到期的定期给付，条件是当事人提出的事实可以证明作为裁判基础的事实状况或者法律状况发生了重大变化。这样一来，当嗣后证明对未来定期支付之基础情况的预测不正确时，《民事诉讼法》第 323 条就可以击破既判力。根据《民事诉讼法》第 323 条第 1 款，关键事实状况不可预知的变化只能在嗣后加以考虑，从这一目标中也可同时得知击破既存既判力的界限。因此，只有初次判决的基础状况嗣后发生了变化，才允许通过变更之诉来消除既判力所具有的拘束效力（参见本庭判决：BGHZ 171,206 = FamRZ 2007,793-Tz. 36）。

由此可见，根据《民事诉讼法》第 323 条第 2 款，变更之诉的理由只能是前诉程序的事实审理结束以后产生的，并且现在或者以前都无法通过异议来主张。判断《民事诉讼法》第 323 条第 2 款规定的事实排除的标准首先要看所主张的变更理由是不是在最后一次事实审理之后才产生的。即使事实状况和法律状况存在重大变化，也必须是在维护其基础的情况下对裁判进行修正（参见本庭 1995 年 11 月 15 日的判决Ⅻ ZR 231/94-FamRZ 1996,345；vgl. jetzt auch § 323 Abs. 4 ZPO）。

如果待变更的判决是缺席判决，其变更理由仍可以对缺席判决提出异议的方式进行主张的，也不能根据《民事诉讼法》第 323 条第 2 款进行变更。因而，变更理由不仅必须是在缺席判决的口头辩论之后产生的，而且还必须在异议期间届满之后才能提出（参见 RGZ 104,228,229 f.）。据此，被缺席判决加重负担的人必须以异议的方式来主张所有在异议期间届满之前出现的变更事实（参见本庭 1982 年 4 月 21 日的判决Ⅳ b ZR 696/80-FamRZ 1982,792,793）。

2. 根据《民事诉讼法》第 323 条（旧），变更之诉的合法性问题关键要看裁判所依据的是哪些事实状况或者法律状况，并且这些状况是不是发生了重大变化（参见本庭判决：BGHZ 98，353，355 = FamRZ 1987，259，261；vgl. jetzt § 323 Abs. 1 Satz 2 ZPO）。

a）缺席判决以哪些事实状况为依据的问题在学术界和司法判例中存在争议（关于争议的情况参见 Graba Die Abänderung von Unterhaltstiteln 3. Aufl. Rdn. 269；Johannsen/Henrich/Brudermüller Familienrecht 5. Aufl. § 238 FamFG Rdn. 99 und Zöller/Vollkommer ZPO 28. Aufl. § 323 Rdn. 31）。本庭至今为止都没有对这一问题作出回答（参见本庭 1995 年 11 月 15 日的判决 XII ZR 231/94 – FamRZ 1996，345，347）。

一些观点认为，缺席判决的变更不应以作出判决时的事实状况为基础，而应以虚拟状况为基础。缺席判决仅仅是基于原告有说服力的陈述作出的，因为《民事诉讼法》第 331 条第 1 款第 1 句规定的虚拟自认，待变更的缺席判决的基础只有这个陈述（参见 OLG Köln FamRZ 2002，471；OLG Karlsruhe FamRZ 2000，907；OLG Zweibrücken FamRZ 1983，291；OLG Stuttgart FamRZ 1982，91，92；Kalthoener/Büttner NJW 1990，1640，1648；Christian DAVorm 1988，343，347；Zöller/Vollkommer aaO § 323 Rdn. 31；MünchKommZPO/Gottwald § 323 Rdn. 77；Thomas/Putzo/Hüßtege ZPO 30. Aufl. § 323 Rdn. 21；Göppinger/Wax/Vogel Unterhaltsrecht 9. Aufl. Rdn. 2405 f.；differenzierend Maurer FamRZ 1989，448）。

另一些观点则认为，缺席判决的变更也应当以事实情况的变化为准。只有事实状况发生了变化，才有正当理由在维持其基础的情况下根据《民事诉讼法》第 323 条第 4 款变更缺席判决，同时保持待变更裁判的既判力（参见 OLG Frankfurt FamRZ 1995，735；OLG Hamm FamRZ 1990，772，773；OLG Oldenburg FamRZ 1990，188；OLG Hamm 1984，1123，1125；OLG Karlsruhe FamRZ 1983，624，625；Spangenberg DAVorm 1984，797，798；Johannsen/Henrich/Brudermüller aaO § 238 FamFG Rdn. 99；对此进行区别对待的是 Graba，Die Abänderung von

Unterhaltstiteln bei fingierten Verhältnissen FamRZ 2002,6,8 f.)。

b)对于收入状况的变化,本庭赞同上述后一种观点。只有这样,在因收入状况发生变化而变更缺席判决时才会保持待变更的缺席判决的既判力(本庭1995年11月15日的判决还对此不置可否XII ZR 231/94-FamRZ 1996,345,347)。

aa)虽然,根据《民事诉讼法》第331条,对被告缺席判决以原告的事实陈述为依据,法院仅对陈述的说服力进行审查。因为根据《民事诉讼法》第331条第1款第1句,原告关于事实的口头陈述被假定为得到了自认。这一点也许可以说明,《民事诉讼法》第323条第1款(旧)在确定给付金额所依据的状况("裁判以之为基础的事实状况或法律状况",《民事诉讼法》第323条第1款第2句)是原告事实陈述中的状况,即一种虚拟的状况。

bb)然而,反对观点在另一种合法的变更之诉中以当事人陈述的虚拟状况为准,则会导致完全推翻原判决,因而超出了对有既判力的缺席判决进行错误修改的范围。对于争讼判决,本庭出于维持既判力的原因一直反对这么做(持续性判例,参见本庭1995年11月15日的判决XII ZR 231/94-FamRZ 1996,345)。这里也没有理由对缺席判决的既判力作出与争讼判决的既判力不一样的评判(参见Graba FamRZ 2002,6,8 f.;关于认诺判决参见BGHZ 173,210=FamRZ 2007,1459-Tz. 14 f.)。

本庭所持观点的另一个重要依据是,变更之诉的合法性与《民事诉讼法》第323条第2款规定的排除密不可分。因为变更之诉只能以那些不能再以异议的方式进行主张的理由为依据,所以其他的理由也不能成为变更之诉的合法理由。这个逻辑的基础是既判力思想,以及未及时陈述的情况应被排除的思想,它也得到反对意见的认可。与争讼判决一样,在缺席判决的情形中,初始程序中所耽误的东西不能嗣后通过变更来得到弥补。

为了维持缺席判决的既判力,《民事诉讼法》第323条第1款意义上的基础事实状况就不能是原告所陈述的情况,而只能是在作出判决时实际存在的情况。只有这种实际情况在异议期间届满以后发生了变化，才允许对有法律效力的缺席判决进行变更。根据本庭的持续性判例，待变更判决之前发生的错误不可能通过变更之诉进行纠正（参见本庭 2008 年 2 月 20 日的判决Ⅻ ZR 101/05-FamRZ 2008,872 Tz. 14 ff.）。

3. 以这个判例为基础，两审法院将变更之诉作为不合法而驳回，是正确的。

根据州高等法院的认定，原告 2004 年的平均月收入就只有 1834.32 欧元。此外，2005 年开始，孩子每月 355.12 欧元的地方补助也取消了，因而在 2005 年 2 月 5 日作出缺席判决之时，原告不再有这笔收入。因此，前一年的平均收入在这个时候就应当减去被取消的子女补助（参见 Wendl/Dose Das Unterhaltsrecht in der familienrichterlichen Praxis 7. Aufl. § 1 Rdn. 11 ff.）。因为被告本应可以在初始程序中，最迟也应当能够通过对缺席判决提出异议来陈述这一事实，所以根据《民事诉讼法》第 323 条，他在变更之诉中已失去了这项权利。

现在以 2007 年为基础所计算的月平均收入为 1559.94 欧元，这并不比作出缺席判决时原告的实际收入低，即使考虑到轮班的情况，他在 2005 年的月平均收入也只有 1523.77 欧元。因而，作出缺席判决时所存在的实际情况并没有发生重大的变化。

4. 即使是考虑抚养费名义的机动性，2005 年 2 月 7 日的缺席判决所依据的事实状况也没有出现重大变化。因为，以该判决为基础，原告在 2005 年 6 月之前应付的抚养费总计为 1050 欧元（284 欧元+284 欧元+241 欧元+241 欧元）。2005 年 7 月以后应支付的抚养费稍微有所上涨，为 1076 欧元（291 欧元+291 欧元+247 欧元+247 欧元）。2007 年 7 月以后又降为 1066 欧元（288 欧元+288 欧元+245 欧元+245 欧元）。

从 2008 年 1 月开始，在《民法典》第 1612a 条关于最低抚养费规定的基础上，这一金额应按照《民事诉讼法施行法》第 36 条第 3 项 d 和 e 换算为机动的抚养费名义，这也还没有导致所负担抚养费的金额发生变化。2009 年 1 月 1 日开始,第三年龄段的最低抚养费略涨了 12 欧元,这涉及较大的两个孩子,再考虑到子女补助也上调了,所以总的来说抚养费的总额并没有增加。2010 年 1 月开始,最低抚养费又发生了变化,在此基础上再考虑到子女补助的增加,原告需要向被告支付更高的现金抚养费,总额达到 1207.70 欧元[(426-92=)344 欧元+(426-92=)344 欧元+(364-95=)269 欧元+(378.20-107.50=)270 欧元]。即使考虑到每月养活自己所必需的 900 欧元费用,原告也能够支付这一金额,因为,以他 2007 年的收入为基础所计算的与抚养费有关的纯收入为 1559.94 欧元,这一金额应当再加上被此前的缺席判决所少计算的 731.23 欧元(2255 欧元-1523.77 欧元),因而在变更之诉中应考虑的收入为 2291.17 欧元,减去养活自己所必需的费用,应当判处的费用为 1391.17 欧元。与原告的看法相反,这一点并没有以宪法上难以接受的方式给他造成负担(关于这一点参见本庭 2008 年 2 月 20 日的判决Ⅻ ZR 101/05-FamRZ 2008,872 Tz. 19 ff.)。

第二节 评　　析

本案主要涉及变更缺席判决的前提条件。通常而言,提起变更之诉的前提条件是,原告主张情况出现了重大变化。在本案中,原告声称自己的收入急剧下降,按照当初的判决支付抚养费给自己造成了难以接受的负担。涉及缺席判决时,多年来学术界和判例就一直在争论,到底是以前一个程序实际存在的状况为准,还是以法院从申请人(与实际情况不符)的陈述中所提取的情况为准。学界主流观点认为,在变更缺席判决时,情况是否发生变化取决于被视为自认的原告主张。[①]联邦最高法院则认为,缺席判决的变更应当以事实情况的变化为准,而非以虚拟状况为基础。本案中事实状况没有出现重大变化,因而不支

① [德]罗森贝克、施瓦布、戈特瓦尔德:《德国民事诉讼法》,李大雪译,中国法制出版社 2007 年版,第 1200~1201 页。

持原告的主张。

一、总体情况

《德国民事诉讼法》规定的变更之诉(第 323 条)是 1898 年修订时引入的。其目的在于,让相关当事人在事实状况的发展与法院的预测发生了巨大偏差时能够提出改变裁判的请求。变更之诉通常针对含有将来反复性给付的判决。由于法院对今后的给付义务不是根据封闭的案件事实,而是根据对未来发展(尽可能准确)的预测作出命令。在发生疑问时,法院会假定最后一次言词辩论之时的状况持续不变。当实际情况与这种预测有巨大差异时,相关当事人能够主张这种偏差体现了实体正义的要求。

变更之诉是诉讼上的形成之诉。在变更之诉中,法院将对已经存在的、关于未来给付义务的名义进行修改并且在这一点上取消其执行力。变更之诉是纠正与前裁判所依据的预测之间所形成的实际偏差的唯一诉讼手段。根据不同的请求,变更之诉可以同时是给付之诉或者确认之诉;它也可以作为分级诉讼提起。

上文提到了学界和法院关于变更之诉前提条件的争论。两种观点都可以各自找到相互对应的法律规范依据。因为,变更之诉的合法性一方面必须以下述事实的陈述为前提,即裁判以之为基础的状况发生了重大变化,而缺席裁判的基础,正好不需要与实际完全相符;另一方面,变更只能基于嗣后产生的理由,这意味着是发生了真正的变化。如果根据裁判中与现实不相符的认定来衡量变更,就会与《家庭案件和非讼事件法》第 238 条第 2 款产生冲突。相反的观点虽然也可以引证这一条款,但必须忽略该法第 238 条第 1 款第 2 句的规定。然而,两种观点在某一点上是一致的,即它们都没有取得满意的结果。以裁判的基础认定为准,就不能避免抚养费债务人在第二天就请求变更,其理由是状况已经发生变化,比如他的收入比《民事诉讼法》第 331 条第 1 款虚拟的数额更少了,以嗣后真正出现的变化作为变更合法性的依据,就必须容忍客观上错误的事实维持较长的时间。

二、本判决的意义

在本判决中,联邦最高法院对争论了几十年的老问题进行了回答。

虚拟的状况是抚养费法研究者争议的焦点，大家都努力探讨在何种前提条件下、根据何种标准可以对以虚拟状况为基础的裁判进行变更。联邦最高法院认为，缺席裁判的变更不取决于虚拟状况的变化，而是取决于实际状况的变化。此外，本判决还会对实际操作产生较大的影响。

1. 确定以实际状况为准

在这种两难处境中，联邦最高法院采纳了以实际状况的变化为准的意见。它还将变更的合法性与《家庭案件法》第238条第2款的联系作为证据进行了分析，虽然不可能是决定性的意见，如前所述，该法第238条第1款第2句也同样重要。在这里，起决定作为的是实质既判力的观点。该观点禁止作纯粹的错误修改。只有出现了新的案件事实才会允许法院重新裁判。以裁判所依据的事实为准，不考虑其后来的变化，可能会违反既判力的规定。

联邦最高法院将缺席判决的变更与争讼裁判的变更进行了比较，这一点相当合理。基于不正确的陈述所作出的缺席裁判只是因错误事实认定而错误裁判的一个子集。如果它是经争讼而形成的，它的难以变更性就似乎不会引起反感，在争讼判决的情形中，当时被判处给付的人比因缺席被判处给付的人更值得保护。

联邦最高法院将其意见仅限于收入状况发生变化的情形，这一点符合最高法院谨慎的态度。② 在本案中这意味着，变更之诉不能以前诉判决所认定的收入与——过去或者后来的——实际收入之间的差距为准。起决定作用的仅仅是实际收入的发展。在本案中，前诉裁判时的实际收入并不比后来的收入高。

2. 对其他变更的影响

在本案中，法院并没有忽视，有一个问题已发生了实际的变化。由于最低抚养费的提高，以及孩子进入更高的年龄段，以100%为基准金额计算的抚养费总额从1050欧元提高到了1207欧元。这里有法律方面的原因，也有事实方面的变化（孩子年龄段的变化），这些变化可以成为变更的正当理由，而且变化的幅度已超过了10%重大幅度的界

---

② Hoppenz：Abänderung einer Versäumnisentscheidung. FamFR 2010，265.

限。这个案例不仅展现了其对下的有限实用性，也显示了其对上的有限实用性。孩子的最低抚养费（《民法典》第 1612a 条）享有优先权。只要没有危及抚养义务人维持自我生存的最低限度，增加抚养费负担的情形就不予考虑。

实际上比虚拟更低的收入不能作为变更理由，抚养费负担增加也不能要求变更，因为如果将他的实际收入定为 1560 欧元，在抚养费负担为 1207 欧元时，原告实际上已剩不下养活自己所需的 900 欧元。虚拟的更高收入（2250 欧元）仍然在起作用，此时自我维持的费用——当然同样是虚拟的——保持不变。

本案对其他变更请求也进行了考察。假如某个子女今后参加培训开始挣钱，这种情形是否可以作为情况的变化而影响虚拟收入，关于这一点是有争议的。对此联邦最高法院持否定意见，因为这将会彻底改变原判决，损害既判力。如果事实在认定时就与实际情况不符，可以申请更正判决。在这种情况下，并不会击破实质既判力，而只会加强它的效力。

3. 现实意义

把变更之诉的目的定义为可在《民事诉讼法》第 258 条意义上修改裁判的预测错误，为此可出于公平的理由击破判决的既判力，这原则上是正确的。然而，《民事诉讼法》第 323 条（现在的《家庭案件法》第 238 条）的目的并不仅限于此。该规定作为维持现状的一种形式，更多的是要让判决能够根据现实的状况进行调整，就像《民法典》第 313 条对于合同交易基础丧失的规定一样。这一点决定了应当可以考虑原本的实际情况。如果现在的情况与过去实际存在的情况不一样，或者与过去错误假想的情况不一致，都是状况发生了变化。不过，《民事诉讼法》第 323 条第 1 款意义上的状况发生重大变化还不足以开启变更之诉，还必须是该条第 2 款规定的嗣后出现的理由（原因）。

联邦最高法院从《民事诉讼法》第 323 条第 2 款中得出结论，第 323 条第 1 款意义上的状况变化只能根据实际状况来判断。缺席判决所依据的错误的虚拟收入状况视为收入认定的其他错误。由于该错误牵涉到异议期间届满时已经存在的状况,所以不属于状况的变化。

变更之诉是否因未主张《民事诉讼法》第323条第1款意义上状况发生重大变化就不合法,或者缺乏该条第2款意义上的嗣后变化就不能提起变更之诉,这不仅仅具有理论意义。因为它可以促使法院审查,是否应当对排除进行例外处理,以免出现无法忍受的严厉结果。2007年9月7日关于《非讼事件法改革法》的政府草案中就已规定了这种例外,分别针对适用一般案件的《民事诉讼法》第323条第2款中和适用抚养费案件的《家庭非讼事件法》第238条第2款。草案虽然采用了不考虑老情况的做法,但对此有所限制:"除非,不考虑旧有情况尤其在被申请人的行为方面显得特别不公平"。这一建议未被采纳,并非因为立法机关有相反的观点,而是因为立法机关不愿意鼓励人们提起变更申请,从而增加法院的负担。他们认为,让法院去对该规定进行目的限缩解释就可以了。[③]

草案的表述可以用来作为对《民事诉讼法》第323条第2款进行目的限缩解释的依据。根据联邦最高法院的判例,如果有必要在立法机关明显没有考虑周全的例外情形中避免出现不合理的结果,就应当对某一规定的适用进行限制。[④] 联邦最高法院认为在本案的情形中就存在这样的前提条件。在法律实践中,如果在首次裁判是没有对真实的收入进行确认,而只是假定其判决的基础收入正确,即使在后来的变更程序中有依据表明该收入被假定高了或者低了,通常会默示地作为例外情形处理。

三、不同的观点

如前所述,关于变更缺席判决的前提条件的争论由来已久,本判决只是表明了联邦最高法院的一种态度,未能实际上终结这种争论。而且,两种处理方式都很难取得满意的结果。对于本判决依然存在不同的看法,主要可分为两类:一类是批评本判决的论证逻辑存在问题,并且与此前的判决也不一致;另一类则指出判决的结果有违公平正义。

---

③ BR-Drucks. 16/6308, S. 384.

④ BGH, FamRZ 2008, 1424.

1. 有学者指出，首次诉讼法院所依据的标准状况与以实际收入状况为准的做法不一致。⑤ 如果人们审查《民事诉讼法》第 323 条第 1 款事实构成的前提条件，而不看第 2 款，则应当将缺席判决所依据的状况（基于原告陈述的虚拟收入）视为参照的状况，因为首次诉讼的说服力是取决于这个虚拟收入的。这时的实际收入是 1523.77 欧元，假如法院知晓了这一点，就可能否定原诉的说服力，按照当时维持自我生存所必需的 840 欧元标准，法院就不会依请求判处 1050 欧元的抚养费。法院本来是可以依职权拒绝作出缺席判决的（《民事诉讼法》第 331 条第 2 款第 2 句）。

此外，联邦最高法院的判决与此前的判决不一致。在 1985 年的一项判决中，原告主动辞掉工作造成收入减少，法院认定其并不贫困，仍然具有支付能力。其计算基础是虚拟收入。如果在最初的判决中是以虚拟收入为基础的，则判断是否发生变化有四种方法，即以现在的虚拟收入与此前的虚拟收入相比较（1），以现在的实际收入与此前的虚拟收入比较（2），或者以当初的实际状况与现在的实际状况比较（3），以当初的实际状况与现在的虚拟状况比较（4）。第 4 种方法明显可以排除，在本案中，联邦最高法院否定了第 1 种方案而选择了第 3 种方案，而在 2008 年 2 月 20 日的判决中，法院则选择的是第 2 种方案。

该学者认为，以虚拟情况为准并非不符合维护既判力的要求，只要虚拟情况没有发生变化，就不予变更。虚拟状况的变化比实际状况的变化更难认定，但还是可以通过减轻证明负担（《民事诉讼法》第 287 条第 2 款）的办法予以解决。总体而言，缺席判决的变更以虚拟状况为准更合理一些，这也可以与 2008 年 2 月 20 日的判决保持一致。最初的判决虚拟了一个警察的收入，其实际收入在最后一次言词辩论时就已经降低了，其虚拟的高收入也应当适当降低。

2. 另一些学者认为，本判决的结果对于抚养费债务人来说显失

---

⑤ Hoppenz：Abänderung einer Versäumnisentscheidung，FamFR 2010，265.

公平。⑥

如果最初的判决是以虚拟收入为基础的,则尤其可以对《民事诉讼法》第323条第2款的排除规定进行目的限缩。抚养费债务人因违反义务而被算上了一个虚拟的收入,他不能仅仅因为时间届满就可以要求对判决进行变更,这原则上是正确的。被缺席判决估计了过高收入的抚养费债务人原则上也没有机会进行变更。这个判决的既判力是否"永远"有效是一个问题,尤其是除时间因素之外,还存在另外一些情况,在综合考虑所有的情况后,抚养费名义无限期地持续存在,并保持不变,这会显得非常不公平。在时间方面,应当考虑采用1年的期限,最长可以考虑3年的通常时效。以《民事诉讼法》第258条来衡量对于未来事件的既判力效力并不恰当,因为与过去就已经结束的事件的既判力不同。在抚养费关系中,当事人之间存在家庭联系,因此要特别注意对各方利益的合理照顾。立法机关在《家庭案件法》第238条及以下条款中为抚养费裁判的变更进行了特别规定,而《民事诉讼法》第258条则适用于对其他案件的裁判,从这一点中也可以看出抚养费案件的特殊性。

自1898年《民事诉讼法》施行以来,《民事诉讼法》第323条第2款的排除规定就从来没有发生过变化,判例应当结合一般的法律发展情况来适用这一法律规定,尤其是要考虑人们对预先裁判的既判力的看法和观念发生了转变。⑦

在本案中,联邦最高法院没有考虑对《民事诉讼法》第323条第2款进行目的限缩,然而,这里本来是有合理的理由进行目的限缩的。债务人的实际收入只有1559.94欧元,他被加上了721.23欧元的虚拟收入,之后得出结论,他以2291.17欧元的收入不仅可以支付养活自己的900欧元,还可以支付1207.70欧元的抚养费。实际上这是不可能办到的。在正确理解缺席判决的必要性和维持既判力的情况下,这实际

---

⑥ Hans-Ulrich Graba. Zur Frage der Zulässigkeit einer Unterhaltsabänderungsklage nach einem Versäumnisurteil FamRZ 2010,1152-1154.

⑦ 参见 Braun,FamRZ 1994,1194。

上永远剥夺了修改危及最低生存保障的判决的机会,这对于债务人而言实在是太过分了。法院应当在审判程序中就处理涉嫌违宪的情形,而不是把它放到执行中去处理,即使原则上不应放弃抚养费中虚拟收入的规定,即使原则上必须忍受错误的生效判决。

基于原告在缺席程序中的陈述而认定了虚拟的过高收入与被告没有提出异议要求修改,这种情形与在抚养费协议中双方都对收入进行了错误判断的情况一样,然而后者却允许根据《民事诉讼法》第 313 条进行调整。变更申请的相对人在前诉中对收入进行了错误的说明,并且与实际收入差距很大,他对债务人遭受长期的不利和自己的获利负有重大的责任,即使不能指责他有欺诈的行为,但也必须问怎么会给债务人在 1523.77 欧元的收入上加上了 731.23 欧元。假如首次诉讼的法院得知了实际情况,一定会驳回作出缺席判决的申请。债务人承受过高的支付义务已达 4 年之久,在可预见的时间里也不能指望他的收入会再提高,同样不能指望债权人方面会减轻其负担。部分“放弃”所判处的抚养费,至少是在将来放弃,这不仅仅是正义感的要求。

因此,原则上《民事诉讼法》第 323 条规定的变更之诉只能消除判决的预测错误,即嗣后产生的情况。然而,在抚养费裁判中,除预测错误之外的修改不能一律予以拒绝。前诉裁判中的最初错误也应当能够予以消除,特别是在无法终止现存的重大不公时。不能等到超过了违反宪法的、不可忍受的负担时再来处理。这一点尤其适用于基于虚拟收入判处抚养费的情况。立法机关没有看到这种情形中排除的影响,因而在法律适用时,法院应当在原则上不违背既判力的前提下进行实体审查,而不是将变更申请一律作为不合法而驳回。

图书在版编目(CIP)数据

德国联邦法院典型判例研究. 民事诉讼法篇 / 李大雪著. -- 北京 : 法律出版社, 2019
(德国联邦法院典型判例研究丛书 / 方小敏, 邵建东主编)
ISBN 978-7-5197-3339-1

Ⅰ. ①德… Ⅱ. ①李… Ⅲ. ①民事诉讼法-判例-研究-德国 Ⅳ. ①D951.6

中国版本图书馆 CIP 数据核字(2019)第 057903 号

德国联邦法院典型判例研究·民事诉讼法篇
DEGUO LIANBANG FAYUAN DIANXING PANLI YANJIU · MINSHI SUSONGFA PIAN

李大雪 著

责任编辑 孙东育 王 珊
装帧设计 马 帅

出版 法律出版社
总发行 中国法律图书有限公司
经销 新华书店
印刷 固安华明印业有限公司
责任校对 杨锦华
责任印制 陶 松

编辑统筹 学术·对外出版分社
开本 710 毫米×1000 毫米 1/16
印张 13.25
字数 176 千
版本 2019 年 7 月第 1 版
印次 2019 年 7 月第 1 次印刷

法律出版社/北京市丰台区莲花池西里 7 号(100073)
网址/www.lawpress.com.cn
投稿邮箱/info@lawpress.com.cn
举报维权邮箱/jbwq@lawpress.com.cn
销售热线/400-660-8393
咨询电话/010-63939796

中国法律图书有限公司/北京市丰台区莲花池西里 7 号(100073)
全国各地中法图分、子公司销售电话:
统一销售客服/400-660-8393/6393
第一法律书店/010-83938432/8433 西安分公司/029-85330678 重庆分公司/023-67453036
上海分公司/021-62071639/1636 深圳分公司/0755-83072995

书号:ISBN 978-7-5197-3339-1 **定价**:55.00 元